Kauderwelsch
Band 204

Impressum

Richard Kölbl
Grönländisch — Wort für Wort
erschienen im
Reise Know-How Verlag Peter Rump GmbH
Osnabrücker Str. 79, D-33649 Bielefeld
info@reise-know-how.de

Bearbeitung & Layout Svenja Lutterbeck
Layout-Konzept Günter Pawlak, FaktorZwo! Bielefeld
Umschlag Peter Rump
Kartographie Iain Macneish
Fotos Richard Kölbl
Druck und Bindung Fuldaer Verlagsanstalt GmbH & Co. KG, Fulda

ISBN-10: 3-89416-373-9
ISBN-13: 978-3-89416-373-0
Printed in Germany

Dieses Buch ist erhältlich in jeder Buchhandlung der BRD, Österreichs, der Schweiz und der Beneluxländer. Bitte informieren Sie Ihren Buchhändler über folgende Bezugsadressen:
BRD Prolit GmbH, Postfach 9, 35461 Fernwald (Annerod) sowie alle Barsortimente
Schweiz AVA-buch 2000, Postfach 27, CH-8910 Affoltern
Österreich Mohr Morawa Buchvertrieb GmbH, Sulzengasse 2, A-1230 Wien
Belgien & Niederlande Willems Adventure, Postbus 403, NL-3140 AK Maassluis
direkt Wer im Buchhandel kein Glück hat, bekommt unsere Bücher zuzüglich Porto- und Verpackungskosten auch direkt über unseren Internet-Shop: **www.reise-know-how.de**
Zu diesem Buch ist ein **AusspracheTrainer** (Audio-CD) erhältlich, ebenfalls in jeder Buchhandlung der BRD, Österreichs, der Schweiz und der Benelux-Staaten.
Der Verlag möchte die **Reihe Kauderwelsch** weiter ausbauen und **sucht Autoren**!
Mehr Informationen finden Sie auf unserer Internetseite **www.reise-know-how.de/buecher/special/schreiblust-inhalt.html**

Kauderwelsch

Richard Kölbl

Grönländisch

Wort für Wort

Allen
von fremden Sprachen Faszinierten,
die ihre eigene lieben.

Kauderwelsch-Sprechführer sind anders!

Warum? Weil sie Sie in die Lage versetzen, wirklich zu sprechen und die Leute zu verstehen.

Wie wird das gemacht? Abgesehen von dem, was jedes Sprachbuch bietet, nämlich Vokabeln, Beispielsätze etc., zeichnen sich die Bände der Kauderwelsch-Reihe durch folgende Besonderheiten aus:

Die **Grammatik** wird in einfacher Sprache so weit erklärt, dass es möglich wird, ohne viel Paukerei mit dem Sprechen zu beginnen, wenn auch nicht gerade druckreif.

Alle Beispielsätze werden doppelt ins Deutsche übertragen: zum einen **Wort-für-Wort**, zum anderen in „ordentliches" Hochdeutsch. So wird das fremde Sprachsystem sehr gut durchschaubar. Denn in einer fremden Sprache unterscheiden sich z. B. Satzbau und Ausdrucksweise recht stark vom Deutschen. Ohne diese Übersetzungsart ist es so gut wie unmöglich, schnell einzelne Wörter in einem Satz auszutauschen.

Die **Autorinnen** und **Autoren** der Reihe sind Globetrotter, die die Sprache im Land selbst gelernt haben. Sie wissen daher genau, wie und was die Leute auf der Straße sprechen. Deren Ausdrucksweise ist nämlich häufig viel einfacher und direkter als z. B. die Sprache der Literatur oder des Fernsehens.

Besonders wichtig sind im Reiseland **Körpersprache, Gesten, Zeichen** und **Verhaltensregeln**, ohne die auch Sprachkundige kaum mit Menschen in guten Kontakt kommen. In allen Bänden der Kauderwelsch-Reihe wird darum besonders auf diese Art der nonverbalen Kommunikation eingegangen.

Kauderwelsch-Sprechführer sind keine Lehrbücher, aber viel mehr als Sprachführer! Wenn Sie ein wenig Zeit investieren und einige Vokabeln lernen, werden Sie mit ihrer Hilfe in kürzester Zeit schon Informationen bekommen und Erfahrungen machen, die „taubstummen" Reisenden verborgen bleiben.

Inhalt

Vorwort

Planen Sie eine Reise nach Grönland, ob auf eigene Faust oder auf einer Kreuzfahrt, und möchten einen Vorrat gebrauchsfertiger Sätze für alle Fälle dabeihaben? Man kann in Grönland nicht immer erwarten, auf Englischkenntnisse zu stoßen. Oder sind Sie interessiert an Fremdsprachen und wollen sich einen Überblick über diese so ganz anders aufgebaute Sprache verschaffen – oder haben Sie vor, sich gewisse Grundkenntnisse der Grammatik und ein reisetaugliches Vokabular des Grönländischen anzueignen? Für alle diese Fälle haben Sie dafür das richtige Buch in der Hand.

Grönländisch – das ist geradezu der Inbegriff der fremdartigen und unbekannten Sprache. Sie ist aber auch der Ausdruck des höchst lebendigen kulturellen Bewusstseins der Kalaallit, der Ureinwohner jener größten Insel der Welt, deren für uns so faszinierende Eiswelt diese arktische Kultur stets in ihr strenges Regiment nahm.

Sich mit Grönländisch zu beschäftigen heißt, einen Blick in eine völlig andersartige sprachliche Welt zu tun. Es heißt aber insbesondere auch, dem kulturellen Erbe der Kalaallit mit der ihm zukommenden Anerkennung und respektvollen Haltung zu begegnen.

Was immer Sie mit Grönländisch vorhaben: ich wünsche Ihnen **apuulluarna,** kommen Sie gut an Ihr Ziel!

Hinweise zur Benutzung

Dieser Sprechführer gliedert sich in Erklärungen zur Aussprache, Grammatik, Konversationsteil und Wörterlisten.

Ganz ohne **Grammatik** geht es leider nicht. Ich habe versucht, wesentliche Grundzüge darzustellen, ohne zu sehr in die Tiefe zu gehen. Das Ziel dieses Bandes ist es, Ihnen die Bildung einfacher Frage- und Aussagesätze in reisetypischen Situationen zu ermöglichen. Viele Aspekte der komplexen grönländischen Sprache konnten dabei nur angerissen, bzw. nicht berücksichtigt werden. Für Lust auf mehr dient die Literaturliste im Anhang.
Der Grammatikteil ist strikt so aufgebaut, dass alles, was Sie zum Verständnis eines Kapitels brauchen, in den zurückliegenden Kapiteln vorbereitet wurde. Grönländisch ist so anders aufgebaut, dass es völlig normal ist, wenn Sie immer wieder einmal zurückblättern müssen. Nehmen Sie sich Zeit beim Durcharbeiten!

Der **Konversationsteil** ist als Mustersammlung von Sätzen und Wörtern mit grammatikalischer Hilfestellung zu sehen. Damit können Sie eigene Sätze bilden – nur Mut!

Die **Wort-für-Wort-Übersetzung** (WfW) in *kursiv* ist dabei zentrale Hilfe, denn es gibt bislang kein vergleichbares Buch, das Ihnen die grönländischen Satzwörter so analysiert.

Neben dem einzelnen Wort sind unselbständige Anhängesilben, die Suffixe, unverzichtbare Bedeutungsträger. Ich trenne im grönländischen Original die einzelnen Wortbausteine (Grundwort, Suffix, Beugungsendung) mit einem Strich | voneinander ab

Für jeden Baustein gebe ich Ihnen die Bedeutungen an, die in der WfW mit Bindestrich voneinander getrennt werden. Oft kann ein grönländischer Wortbaustein aber nur mit mehreren Wörtern im Deutschen wiedergegeben werden. Diese deutschen Wörter werden dann durch Unterstrich _ miteinander verbunden:

*Die mit dem Ohr gekennzeichneten Sätze im Konversationsteil können Sie sich auch auf CD anhören: Neu bei Kauderwelsch sind die **AusspracheTrainer**. Siehe auch Seite 168!*

Inuu	**|llua**	**|qqu**	**|laar**	**|uk.**
leben	*-etwas_gut_machen*	*-wollen_dass*	*-wenig(BITTE)*	*-DU_IHN!*

Darunter folgt eine dem deutschen Sprachgebrauch angepasste Übersetzung, hier z. B. „Viele Grüße an …“ sowie gelegentlich eine angenäherte wörtliche Übersetzung, hier: „bitte fordere ihn auf, gut zu leben“.

Silben mit rein grammatischer Bedeutung gebe ich groß geschrieben wieder. Außerdem bekommen manche Silben in bestimmten Zusammenhängen neue Bedeutungen, die ebenfalls in Klammern groß geschrieben beigefügt werden, z. B. bedeutet die Silbe **-laar-** zwar „wenig“, muss aber hier mit „bitte“ übersetzt werden.

So ist mit ZUK nur die grammatische Zukunft, nicht aber die Übersetzung des Wortes Zukunft gemeint.

Gegeneinander austauschbare Wörter werden durch Schrägstrich getrennt. Beachten

Sie aber bitte, dass dem ausgetauschten deutschen Wort im Grönländischen oft nur ein Wortbaustein entspricht, so dass ich dort das vollständige grönländische Wort – und nicht nur einen Teil – nach dem Schrägstrich wiederhole. Die bereits einmal in der WfW übersetzten Bausteine lasse ich aus Platzgründen beim zweiten Mal gelegentlich weg:

Ajor|punga / Aju|nngila|nga.
schlecht_sein-ICH / schlecht_sein-nicht-ICH
Mir geht es schlecht / gut.

Das bedeutet:
Mir geht es schlecht heißt **Ajor|punga** und mir geht es gut **Aju|nngila|nga**.

Gelegentlich gebe ich einen alternativen mehrteiligen Ausdruck in Klammern an, der das *ganze* Davorstehende ersetzen kann.

Sie können so jedes einzelne Beispiel aus Grammatik- und Konversationsteil nachvollziehen. Fast jedes verwendete Wort und Suffix wird in den **Wörterlisten** angeführt. Sie bieten einen Grundwortschatz mit notwendigen grammatischen Angaben. Zusätzlich gibt es im Anhang eine Übersicht über die Bedeutung wichtiger Suffixe, die Sie kennen sollten mit je einem Anwendungsbeispiel.

Seitenzahlen
Um Ihnen den Umgang mit den Zahlen zu erleichtern, wird auf jeder Seite die Seitenzahl auch in Grönländisch bzw. Dänisch angegeben!

Land & Sprache

Grönländisch ist eine polysynthetische Sprache. Sprachen dieses Typs setzen aus meist unselbständigen Bausteinen oft lange Satzwörter zusammen. Nicht selten entspricht ein grönländisches Wort einem ganzen deutschen Satz, im Deutschen sind einzelne Aussagen dagegen an getrennt stehende Wörter gebunden.

Grönländisch ist der östlichste Vertreter der eskimo-alëutischen Sprachen aus den arktischen Regionen Kanadas, Alaskas und Ostsibiriens. Sie bilden fünf Gruppen mit jeweils mehreren Sprachen:

Die Verwandtschaft der eskimo-alëutischen Sprachen mit den großen Sprachgruppen des nordamerikanischen Kontinents Algonkin *und* Athapaskisch *ist unklar; Beziehungen gibt es lediglich zu kleineren Sprachgruppen an der Nordostküste (Kwakiutl, Salish).*

Kalaallisut (Grönland)	**Ost-Inuktitut** (Baffinland, Labrador)	**West-Inuktitut** (Nordkanada, Alaska)	**Iñupiaq** (Nordkanada, Alaska)	**Yupik** (Südalaska, Sibirien)
Westgrönländisch (Kitaamiutut)	Tarramiut	Karibu	North Slope	Zentralalaska Eskimo
Ostgrönländisch (Tunumiutut)	Baffindialekte (Aivilik)	Netsilik	Kobuk	Sibirisch Eskimo
Nordgrönländisch (Polareskimo, Avanersuarmiutut)	Labradordial.	Copper, MacKenzie	Sewardhalbinsel-Dialekt	Pazifisch Eskimo

Grönländisch selbst gehört nicht zur Inuktitut-Gruppe, selbst wenn dies immer wieder zu lesen ist, sondern ist damit verwandt; allerdings so eng, dass sich Angehörige beider Sprachgruppen in gewissem Umfang verständigen können. In diesem Buch wird Westgrönländisch behandelt, die offizielle Standardsprache in Grönland. Nur vereinzelte nord- und südgrönländische Besonderheiten werden erwähnt. Ostgrönländisch ist ein stark abweichender Dialekt, der viel mit Nordgrönländisch gemein hat.

Es gibt einige weitere Unrichtigkeiten bezüglich Grönländisch: so stimmt weder die verbreitete Übersetzung des Landesnamens als „Land der Menschen" (das steht sogar in Grönland selbst auf Souvenirs!), noch hat es nur zwölf Zahlwörter und es gibt auch nicht Hunderte von Grundwörtern für Eis und Schnee. Zu all dem kommen wir noch.

Eskimo – Inuit – Kalaallit

Die genaue Herkunft und Bedeutung des Wortes **Eskimo** ist nicht restlos geklärt. Es wird angenommen, dass es aus der Algonkinsprache Montagnais stammt und „Rohfleischesser" bedeutet. Bei genauerer Betrachtung findet man nur in der Sprache Ojibwa ein **eshkipot** mit dieser Bedeutung. Im Montagnais gibt es **ashkimew** mit der ganz anderen, womöglich nie pejorativ gemeinten Bedeutung „sie flicht Schneeschuhe". Wie auch immer: das Wort Eskimo wird heute als ethnischer Begriff im gesamten arktischen Raum, vor allem in Kanada, als erniedrigend empfunden und 1977 in der Inuit Circumpolar Conference in Barrow, Alaska, durch **Inuit** („Menschen") ersetzt.

Einzig als archäologischer und linguistischer Terminus wird das Wort Eskimo verwendet, so spricht man in Grönland von den frühen Vorläuferkulturen als Eskimosiedlungen und von Eskimologie als Sprachwissenschaft.

Die Grönländer bezeichnen ihre Nation heute jedoch nicht als Inuit, sondern als **Kalaallit** „Grönländer" – außer einigen politischen Randgruppen. Die Herkunft und Bedeutung dieses Wortes ist völlig unklar, „Mensch" bedeutet es jedoch auf keinen Fall. Da es ursprünglich nur in Südgrönland bekannt war, könnte es eine Verballhornung des altnordischen Wortes **skrælingar** sein, eine nicht schmeichelhafte Bezeichnung der nordischen Siedler Südgrönlands für die Grönländer mit Bezug auf deren Fellkleidung. Dennoch entwickelte es sich zur Nationalbezeichnung.

Die dänische Kolonialpolitik wirkte sich auf Grönland in sprachlicher Hinsicht völlig anders aus als auf den ebenfalls dänischen Färöerinseln. Grönländisch war in seinem Bestand nicht gefährdet, sein Gebrauch nie verboten. Ein deutscher Missionar, Samuel Kleinschmidt, schuf um 1850 die erste Standardgrammatik und Orthographie für die bis dahin nur mündlich weitergegebene Sprache, die anders als die wenigen Vorgängerinnen ihrer Sprachstruktur wirklich gerecht wurde.

Bis 1950 gab es nur wenige Dänen in Grönland, die meist die Landessprache gut beherrschten. Ab da wanderten dänische Arbeitskräfte ein, die um 1975 etwa 19 % der Bevölkerung ausmachten. Damit ging eine starke Danisierungsbewegung einher, die Dänisch im Unterricht durchsetzte und in den modernen Lebensbereichen, die den Grönländern vor 1950 vielfach unbekannt waren. In den 70ern gab es eine starke Gegenbewegung, die in der Verleihung einer weitgehenden Autonomie gipfelte. Grönländisch wurde als erste Amtssprache festgelegt. Der offizielle Status des Dänischen ist unklar, außer dass es „gründlich" unterwiesen werden soll. Faktisch aber bestehen im öffentli-

Die ursprüngliche Bezeichnung für alle Weißen, qallunaat, *ist von ihrer Herkunft ebenfalls unklar. Heute bezeichnet sie ausschließlich die dänische Nationalität.*

Die Rechtschreibung wurde ab 1861 in der Zeitung atuagagdliutit, *angeblich die erste der Welt im Mehrfarbendruck, verbreitet. Die Zeitung erscheint noch heute.*

Sonstige Fremdsprachenkenntnisse (v. a. Englisch) findet man am ehesten bei den jüngeren, gut ausgebildeten Grönländern.

chen Raum beide Sprachen nebeneinander. Etwa 70 % der Bevölkerung haben Grönländisch als ihre Muttersprache, 18 % Dänisch und nur 12 % sind genuin zweisprachig. Für die weitaus meisten ist die jeweils andere Sprache eine mehr oder weniger beherrschte Fremdsprache.

Paradoxerweise ist heute Grönländisch in einigen Bereichen gefährdeter als vor 1950. Es ist eine an das nomadische Leben von Jägern der Arktis bestens angepasste Sprache, dem viele handliche Begriffe besonders für die in hektischem Wandel begriffenen Bereiche des modernen Lebens fehlen – noch, denn es werden große Anstrengungen unternommen, solche Begriffe aus der immensen Ausdruckskraft des Grönländischen zu schaffen, die auch verwendbar sind. Damit soll vermieden werden, dass sich z. B. wissenschaftliche, technische und juristische Bereiche ganz vom Grönländischen abwenden. Insgesamt ist die Bedeutung des Dänischen rückläufig, was bereits zu ersten Protesten der Dänen geführt hat.

Alphabet & Aussprache

Grönländisch wird mit lateinischen Buchstaben geschrieben:

In eckigen Klammern [ ] gebe ich eine Lautschrift an, als wäre das Wort soweit als möglich deutsch geschrieben. Nur angedeutet hörbare Laute werden dabei hochgestellt.

a e f g i j k l m n o p q r s t u v

In den meist dänischen Fremdwörtern kommen **b, c, d, h, w, x, y, z, æ, ø** und **å** hinzu. Die Schreibung folgt genau der Aussprache: kurzem Laut entspricht ein Buchstabe, langem Laut ein Doppelbuchstabe.

Aussprache der Selbstlaute (Vokale)

A, **i** und **u** sind die Grundvokale, **e** und **o** sind Variationen von **i** und **u**, diese stehen nie vor **q** und **r**.

a	helles „a" wie „Pl**a**ne", fast „ä" wie „Pl**ä**ne" **anaana** [anahna] Mutter
i	wie „i" in „n**ie**" **ini** [ini] Zimmer, **niisa** [nihsa] Schweinswal
u	wie „u" in „d**u**" mit leichtem, fast sächsischem ü-Klang, Lippen aber ungespitzt **ulu** [ulu] Schabemesser, **uunga** [uhnga] dorthin

Besonders kurzes „a", klingt fast wie „e"

Aussprache der Mitlaute (Konsonanten)

Wie im Deutschen werden ausgesprochen: **j**, **l** (einfach), **m**, **n**, **ng** und **s** (ist immer stimmlos).

Klingt's etwas gequetscht-zischend? Dann stimmt's.

f	wie „f“ in „A**ff**e“ **siniffia** [siniffi-a] sein Bett
g	nur fast wie „g“ in „Re**g**el“, der Zungenrücken berührt den Gaumen nicht, sondern deutet **g** nur an **uiga** [u-i-^{g}a] mein Ehemann; in Fremdwörtern am Wortanfang wie „g“ in „**g**ut“ **Guuti** [guhti] Gott, **gassi** [gassi] Gas
gg	wie weiches „^{i}ch“ in „i**ch**“. Das ^{i} unterscheidet es vom rauen „ch“, wird aber nicht gesprochen **naagga** [naa^{i}cha] nein
k	wie stimmloses „g“ in „Fla**gg**e“, nie hart wie „k“ oder „ck“ **kamik** [gamigg] Stiefel
ll	stimmloses „l“: Zunge an die Schneidezähne legen (wie beim normalen l) und gleichzeitig „ch“ wie in „I**chl**ing“ sprechen **illu** etwa [ichlu] Haus, **illillu** [ichlichlu] gleichfalls
p	wie stimmloses „b“ in „E**bb**e“, nie hart wie „p“ **panik** [banigg] Tochter
q	wird ähnlich wie „k“ gebildet, aber ganz tief im Hals am Zäpfchen, wo raues „ch“ wie in „Na**ch**t“ oder „r“ gesprochen werden. Der Zungenrücken verschließt bei **q** den Rachen ganz – anders als bei „ch“ oder „r“, es muss von „k“ wie in „**K**ind“, das weiter vorne am Gaumen gebildet wird, deutlich unterschieden werden. **qajaq** [qajaq] Kajak, **kiffaq** [giffaq] Haushaltshilfe

r	wie norddeutsches Gurgel-r **naluara** [nalu-ara] ich weiß nicht; **r** vor anderem Mitlaut ist nur schwach hörbar, dieser wird aber etwas länger gesprochen **sarfaq** [sa^{r}ffaq] Strom, **arnaq** [a^{r}nnaq] Frau
rl	wie schwaches **r** + grönländisches **ll** **arlaat** etwa [a^{r}chlaat] einer davon, **qarliit** [qa^{r}chliit] Hose
rr	wie raues „ch" in „Na**ch**t" (vgl. oben **gg**) **karra** [gachcha] Landspitze
e, **ee**	ähnlich wie in „Gab**e**", fast „ö" wie in „g**i**rl" [görl], ich umschreibe es mit „ë", **e** steht nur vor **q** oder **r**, ersetzt ursprüngl. **i** **qeqertaq** [qeqe^{r}ddaq] Insel, **meeraq** [mëëraq] Kind
o, **oo**	wie in „d**o**rt", nie wie in „B**oo**t", **o** steht nur vor **q** oder **r**, ersetzt ursprüngl. **u** **qooroq** [qooroq] Tal
t	Am Wortanfang und im Wort wie stimmloses „d" in „Pa**dd**el", am Wortende hart mit sh-Nachschlag **tuluttut** [duluddutt^{sh}] Englisch
te, **ti**	**te** wie „ze" in „**Ze**h", **ti** wie „zi" in „**zi**chen" **ateq** [azëq] Namen, **tii** [zii] Tee
ts	wie „z" in „**z**ahlen, **Z**ucker", **ts** zählt immer als Doppellaut **uatsi** [u-azi] warte!
v	wie „w" in „**w**eich", fast nur angedeutet **takuvunga** [dagu^{w}unga] ich sehe

Zwischen **u** und **a**, bzw. **i** wird **v** nie geschrieben, aber oft angedeutet gesprochen. In dem Fall füge ich es grau ein: **takuvaa** „er sieht es".

Kauderwelsch-AusspracheTrainer

*Falls Sie sich die wichtigsten grönländischen Sätze, die in diesem Buch vorkommen, einmal von einem Einheimischen gesprochen anhören möchten, kann Ihnen Ihre Buchhandlung den **AusspracheTrainer** zu diesem Buch besorgen. Sie bekommen ihn auch über unseren Internetshop **www.reise-know-how.de** Alle Sätze, die Sie auf dem **Kauderwelsch-AusspracheTrainer** hören können, sind in diesem Buch mit einem gekennzeichnet. Mehr über den **Kauderwelsch-AusspracheTrainer** erfahren Sie auf Seite 168.*

Die Q-R-Regel

Wenn **i** oder **u** durch die Beugung direkt vor **q** oder **r** gesetzt werden, werden sie ohne Ausnahme zu **e** bzw. **o**:

i + **q** = **eq**	**i** + **r** = **er**
u + **q** = **oq**	**u** + **r** = **or**

ini Zimmer + **-qarpa** gibt es?
ineqarpa (*QR!*) [inëqa^{r}bba] gibt es ein Zimmer?

ulu Schabemesser + **-qarpa** gibt es?
uloqarpa (*QR!*) [uloqa^{r}bba] gibt es Schabemesser?

Wenn bei **eq, er, oq** oder **or** das **q** bzw. **r** wegfällt oder durch einen anderen Mitlaut ersetzt wird, wird **e** wieder zu **i**, **o** wieder zu **u**:

eq - **q** = **i**	**er** - **r** = **i**
oq - **q** = **u**	**or** - **r** = **u**

qimmeq [qimmëq] Hund — **-t** statt **-q**
qimmit (*QR!*) [qimmitt^{sh}] Hunde

piniartoq [pini-a^{r}ddoq] Jäger — **-p** statt **-q**
piniartup (*QR!*) [pini-a^{r}ddubb] des Jägers

Im Grammatikteil mache ich mit (*QR!*) auf solche Wechsel aufmerksam.

Aussprache der Doppellaute & Betonung

Der Unterschied zwischen langen und kurzen Lauten ist bedeutungsunterscheidend und muss genau beachtet werden. Bei Vokalen kennen wir das: im Wort „Wal“ ist **a** lang, in „Wall“ dagegen kurz. Ähnlich die grönländischen Doppel-Mitlaute: sie werden ohne abzusetzen länger angehalten, etwa wie im Deutschen „A**nn**ahme“. **Immuk** „Milch“ klingt etwa wie [immmug], **issi** „Kälte“ wie [isssi]. Letzteres ist deutlich von **isi** [ißi] „Auge“ unterscheidbar. Keinesfalls darf der Doppellaut zweimal hintereinander anklingen.

Die Länge der Laute und die Betonung sind eng miteinander verbunden. Im Sprechführer sind die betonten Silben unterstrichen, von denen ein Wort mehrere haben kann.

Auch bei mehreren langen Lauten nacheinander wird das Wort gedehnt gesprochen: **imaluunniit** [imaluhnnnihts^{h}] „oder“, **Nuummiinngaanniit** [nuh-mmmih-nngah-nnnihts^{h}] „aus Nuuk“. Selbst wenn das unserem Sprachgefühl zuwiderläuft.

1. Lange Vokale sind betont: **anaana, niisa, uunga.**
2. Vokale vor Doppelmitlauten sind betont: **atuakkat, immuk, piniartoq, uatsi.**
3. In langen Wörtern, wo beides vorkommt, ziehen lange Vokale die Betonung auf sich, z. B. **tusaavakkit.**
4. Wörter mit nur kurzen Lauten betonen auf der drittletzten Silbe: **takuvunga, naluara.**
5. Wörter mit bis zu drei Silben und kurzen Lauten auf der letzten: **uanga, uiga.**

Grönländisch verwischt Endsilben selten, meist wird relativ deutlich gesprochen. Anders als bei uns wird am Schluss eines Wortes oder Satzes die Stimme leicht angehoben. Sprechen Sie anfangs eher langsam und übertreiben Sie die Unterschiede zwischen langen und kurzen Lauten ein wenig. Die kurzen Laute sind eher kürzer als bei uns.

Wörter, die weiterhelfen

Für die folgenden Sätze brauchen Sie noch keine grammatikalischen Kenntnisse. Sie müssen lediglich die Wörter anstelle der drei Punkte einsetzen.

Utoqqatserpunga ...?
s.entschuldigen-ICH
Entschuldigung, ...?

Ikiu|laar|sinnaa|vinga?
helfen-wenig(BITTE)-können-DU_MIR?
Könnten Sie mir bitte mal helfen?

Naak nakorsaq?
wo_ist Arzt
Wo gibt es einen Arzt?

... su|mi|ip|pa?
was-in(LOK)-s.befinden-ES?
Wo ist ...?

nakorsaataarniarfik	eine Apotheke
napparsimmavik	ein Krankenhaus
kigutileriffik	ein Zahnarzt
tulattarfiliaq	die Anlegestelle
sutorniarfik	ein Café
tuperfik	ein Zeltplatz
timmisartoqarfik	der Flughafen
timmisartut mittarfiat	der Flugplatz
umiarsualivik	der Hafen

heliporti / mittarfik	der Helikopter-Landeplatz
hoteli	ein Hotel
politeeqarfik	eine Polizeistation
allakkerivik	ein Postamt
nerisarfik	ein Restaurant
taxa	ein Taxi
anartarfik	ein WC

Aqqusineq titarta|laar|uk.
Weg zeichnen-wenig(BITTE)-DU_IHN!
Könnten Sie mir den Weg kurz skizzieren?

Paasissutissa|nik sumut pi|sinnaa|vunga?
Informationen-INSTR(Mz) woher nehmen-können-ICH?
Wo bekomme ich Informationen?

Tulut|toor|sinnaa|so|qarpa?
Engländer-sprechen wie-können-einer_der(NOM)-gibt_es?
Spricht hier jemand Englisch?

Ikiu|laa|nga / nutsi|laar|uk.
helfen-wenig(BITTE)-DU_MIR! / übersetzen-wenig(BITTE)-DU_DAS!
Können Sie mir helfen / dolmetschen?

... qaa|qqu|laar|uk.
... komm'-bitten-wenig(BITTE)-DU_IHN!
Holen Sie bitte ...

nakorsaq	... einen Arzt
politi	... die Polizei
tulut|toor|tar|toq	... jemanden, der englisch kann

Baukasten I: Wie Grönländisch funktioniert

Herzstück des Grönländischen sind die Anhängesilben. Sie haben etwas von einem Baukastensystem an sich. Um Ihnen den Umgang damit zu erleichtern, unterteile ich die Erläuterungen in drei Teile. In diesem ersten Teil geht es um ganz Grundlegendes.

Die Anhängesilben (Suffixe)

Gehen wir die Sache einfach an. In Grönland finden Sie die Ortsnamen **Qeqertarsuaq**, **Kangerlussuaq** und **Narsarsuaq.** Ortsnamen haben oft eine Bedeutung, hier „große Insel", „großer Fjord" und „große Ebene". Sie vermuten richtig, dass „**suaq**" etwas mit „groß" zu tun hat.

Die zentrale Idee des Grönländischen ist: an ein Grundwort werden Suffixe angehängt, die es näher beschreiben oder aussagen, wer was wie damit tut. Manchmal entspricht einem Suffix im Deutschen ein Eigenschaftswort, ein Verb, oder gar halbe Sätze mit fein differenzierten Bedeutungen. Sie haben teilweise Nebenbedeutungen: **+suaq** bedeutet „groß", kann aber auch „negativ, hässlich, dumm ..." mit bedeuten.

Das ist im Deutschen anders: ein Mann mit Bart ist bärtig, einer mit Brille aber nicht brillig, Deutsch lässt nicht jedes Suffix an jedem Wort zu.

Sie können also jede Silbe an jedes Wort anhängen, da gibt es – außer vom entstehenden Sinn – kaum Beschränkungen.

Lautangleichung

„Iglu" entspricht grönländisch illu

Die Veränderung der Worte beim Anfügen von Suffixen hat Methode: wenn zwei verschiedene Mitlaute (z. B. **g** + **l**) aneinanderstoßen, verschwindet der erste und der zweite wird verdoppelt. Deshalb entspricht „Iglu" im Grönländischen **illu**: das **g** ist zugunsten des Doppel-**l** verschwunden. Es gibt in grönländischen Wörtern keine zwei verschiedenen Mitlaute nebeneinander außer bei **ts;** nur **r** kann *vor* anderem Mitlaut stehen, siehe Aussprachebeispiele.

Ein Teil der Suffixe ruft beim Anfügen am letzten Buchstaben diese Lautangleichung hervor.

Angleichende & abschneidende Suffixe

Es gibt zwei Arten von Suffixen:

1. Angleichende Suffixe: Sie gleichen den Mitlaut unmittelbar vor dem Suffix diesem an, Vokale werden davon nicht betroffen. Diese Suffixe kennzeichne ich mit **+**: **+suaq** „groß" ; **+lu** „und".

kuuk „Fluss" + **suaq**
= **kuus|suaq** „großer, breiter Fluss"
kangerluk „Fjord" + **suaq**
= **kangerlus|suaq** „großer, weiter Fjord"

kuuk + **lu** = **kuul|lu** „und ein Fluss"
kangerluk + **lu** = **kangerlul|lu** „und ein Fjord"

aber: **illu** „Haus" + **lu** = **illu|lu** „und ein Haus"
(mit einem **l**, da **illu** nicht auf Mitlaut endet)

Wie heißt „ein Fluss und ein Hund"? Richtig: kuuk qimmerlu, *denn auch hier wird* q *zu* r. *Versuchen Sie es mal mit „ein Fluss und ein großer Hund". Damit Sie nicht spicken, verstecke ich die Lösung irgendwo im Buch ....*

Nur **-q** wird bei Lautangleichung immer zu **-r**, der nachfolgende Mitlaut wird nur in der Aussprache verdoppelt:

qimmeq „Hund" + **suaq** = **qimmer|suaq** [qimmë^{r}ssu-aq] „großer (böser) Hund"

narsaq „Ebene" + **suaq** = **narsar|suaq** [na^{r}ssa^{r}ssu-aq] „große, weite Ebene".

Welches Suffix angleichend oder abschneidend ist, muss leider für jedes dazugelernt werden.

2. Abschneidende Suffixe: Sie werfen den letzten Mitlaut weg und setzen sich an dessen Stelle. Ich kennzeichne sie mit **-**. Steht am Schluss ein Vokal, bleibt er unangetastet. Dazu gehört z. B. **-lik** „versehen mit". Das geht so: **nuliaq** „Ehefrau" endet auf **q**. Dieses **q** fällt weg (**nulia-**) und **-lik** wird angefügt: **nulia-** + **-lik** = **nulia|lik** „mit einer Frau (verheiratet)".

Die A-Regel

Wird an kurzes **a** ein anderer Vokal angefügt, so wird dieser immer auch zu **a**.

Beispiel: die Endung -**uvoq** „ist":
nuna „Land" + **uvoq** = **nuna|avoq** *(A!)* „ist Land".

Darauf mache ich im Grammatikteil mit *(A!)* aufmerksam. Diese Regel gilt immer (mit einer einzigen Ausnahme, der Endung **-ai**, auf die wir noch kommen).

Alte & neue Rechtschreibung: igdlu & illu

1973 wurde in Grönland eine radikale Rechtschreibreform durchgesetzt. Seither wird Grönländisch so geschrieben, wie es ausgesprochen wird. In Karten z. B. aber stoßen Sie noch auf die alte Rechtschreibung. Deswegen eine kurze Bemerkung dazu. Die alte Rechtschreibung beruht mehr auf grammatikalischen Zusammenhängen. Das hat zwar den Vorteil, dass manche Formen bei der Beugung leichter zu durchschauen sind, führt aber zu komplizierten Rechtschreibregeln. Vor allem die vielen gesprochenen Lautangleichungen werden nicht geschrieben.

Die wichtigsten Änderungen finden Sie in der Umschlagklappe.

Die grönländischen Wortarten

Grönländisch arbeitet im Wesentlichen mit Hauptwörtern und Verben. Dann gibt es Fürwörter und Orts- und Zeitangaben. Eigenschaften werden von Suffixen, speziellen Verben und besonderen Verbformen ausgedrückt. Bindewörter wie „dass, weil, bevor, um zu" usw. werden auch unter anderem durch besondere Formen des Verbs ersetzt.

Im Folgenden kann ich nur auf Grundzüge der Beugung eingehen. Doppelformen und manche Unregelmäßigkeiten müssen unberücksichtigt bleiben. Ich gebe jeweils einige Beispiele der Beugung soweit nötig, eine vollständigere Übersicht finden Sie im Anhang.

Das Hauptwort: Die Klassen 1, 2 & 3

Hauptwörter haben weder Geschlecht noch Artikel. **Illu** bedeutet „Haus", „ein Haus", oder „das Haus". Hauptwörter enden in der Grundform nur auf **-a, -i, -u, -k, -q** oder **-t**. Da sie sich bei der Beugung unterschiedlich verändern können, ist es zweckmäßig, sie in drei Klassen einzuteilen. Ich gebe für jedes Hauptwort die Klasse an, da sie aus der Grundform nicht erkennbar ist.

Wozu die Klassen gut sind, darauf kommen wir nach und nach, da ich Ihnen nicht alles auf einmal vorsetzen möchte. Hier genügt erst einmal zu wissen: Wörter der Klassen 2 und 3 haben Endsilben (wie z. B. **-gaq**, **-neq**), die sich bei der Beugung und beim Anfügen von Suffixen immer in bestimmter Weise verändern. Bei der Klasse 1 gibt es keine solchen Endsilben und nur in einigen Fällen Veränderungen bei der Beugung.

Die Mehrzahlbildung auf -t

Die Endung für die Mehrzahl (Mz) ist **-t,** mit Bindevokal **-it** bzw. nach **a** steht **-at** *(A!)*. Ich verschone Sie mit Bildungsregeln der Mz, gebe Ihnen stattdessen immer die Grundform Ez und Mz an. Der Punkt · zeigt, wo die Mz-Form angefügt wird. Der Wortteil links des Punktes bleibt in Ez und Mz gleich, z. B. **illu-, arna-, inu-** usw. Buchstaben rechts des Punktes,

z. B. bei **arna·q,** werden in der Mz durch die Mz-Endung ersetzt. Streicht man von der Mz-Form die Endung weg, erhält man den für die weitere Beugung gebrauchten Stamm. Die Mz-Endung kennzeichne ich mit dem Strich |:

Auf den ABH kommen wir gleich!

Grundform, Mz, Klasse	Ez	Mz	Stamm	ABH Ez
illu·, **-t** 1 Haus	**illu**	**illu|t**	**illu-**	**illu|p**
arna·q, **-t** 1 Frau	**arnaq**	**arna|t**	**arna-**	**arna|p**
inu·k, **-it** 1 Mensch	**inuk**	**inu|it**	**inu-**	**inu|up**
assa·k, **-at** *(A!)* 1 Hand	**assak**	**assa|at** *(A!)*	**assa-**	**assa|ap** *(A!)*
angut·, **-it** 1 Mann	**angut**	**angut|it**	**angut-**	**angut|ip**

Bei Klasse 2 und 3 verändert sich die Endsilbe in der Mz immer, z. B. **-gaq** zu **-kkat:**

Grundform, Mz, Klasse	Ez	Mz	Stamm	ABH Ez
atua·gaq, **-kka|t** 2 Buch	**atuagaq**	**atuakka|t**	**atuakka-**	**atuakka|p**
na·noq,**-nnu|t** 2 Eisbär	**nanoq**	**nannu|t**	**nannu-**	**nannu|p**
a·teq, **-qq|it** 3 Namen	**ateq**	**aqq|it**	**aqq-**	**aqq|up**
ka·mik,**-mmi|t** 3 Stiefel	**kamik**	**kammi|t**	**kammi-**	**kammi|p**
erne·q, **-r|it** 3 Sohn	**erneq**	**erner|it**	**erner-**	**erner|up**
qajaq, **qaanna|t** 2 Kajak	**qajaq**	**qaanna|t**	**qaanna-**	**qaanna|p**

Das letzte Beispiel **qajaq** ist eines der seltenen, wo sich das ganze Wort stärker verändert.

Abhängigkeitsfall auf -p

Die Hauptwörter bekommen je nach Funktion verschiedene Beugungsendungen. Der Abhängigkeitsfall (ABH) wird in zwei wichtigen Konstruktionen gebraucht. Zum einen entspricht er dem Wesfall (Genitiv), zum zweiten Anwendungsfall können wir erst später kommen. Sie können ihn aus der Mz erschließen, je nachdem, ob die Mz-Endung **-t** oder **-it** lautet, deshalb habe ich ihn gleich oben mitangegeben:

Klasse 1
Ersetze Mz-**t** durch **-p**
Bei Wörtern auf **-k**: ersetze Mz-**it** durch **-up**
Bei Wörtern auf **-t**: ersetze Mz-**it** durch **-ip**
Klasse 2
Ersetze Mz-**t** durch **-p**
Klasse 3
Ersetze Mz-**t** durch **-p**
Ersetze Mz-**it** durch **-up**

illup	**angutip**	**qaannap**
des Hauses	des Mannes	des Kajaks

Der Abhängigkeitsfall Mz ist gleich der Grundform Mz:

illut die Häuser *oder* der Häuser
angutit des Mannes *oder* der Männer

Hängen Sie an **-p** oder **-t** noch **+lu** „und“ an, gleicht es ganz regulär die Endung an:

Nur der Zusammenhang lässt erkennen, was illullu *jeweils bedeutet.*

illut „Häuser“ + **lu** = **illullu** „und die Häuser“ *oder* „und der Häuser“
illup „des Hauses“ + **lu** = **illullu** „und des Hauses“

Dem Mann sein Hund: Besitz ausdrücken

Um Besitzverhältnisse auszudrücken, steht der Besitzer im Abhängigkeitsfall und das Eigentum wird zusätzlich mit einer Endung für „sein, seine“ etc. markiert (gleich für m und w).

Besitz	ein Besitzer	mehrere Besitzer
ein Stück	**-a** sein	**-at** ihr
mehrere Stücke	**-i*** seine	**-i** (nach **a**: **-at**) ihre

**Nur in diesem einzigen Fall bleibt* -i *nach* a *erhalten:* assa|i *seine Hände.*

Bei Besitzverhältnissen ist die Mz-Endung also nicht mehr **-t,** sondern **-i** oder **-at**.

		wörtl.:
angutip illu|a	das Haus des Mannes	*Mannes Haus-sein*
angutip illu|i	die Häuser des Mannes	*Mannes Haus-seine*
angutit illu|at	das Haus der Männer	*Männer Haus ihr*
angutit illu|i	die Häuser der Männer	*Männer Haus-ihre*

Das geht auch mit Eigennamen:

Olip atuagai	Oles Bücher (dem Ole seine Bücher)	*Oles Buch-seine*
Mariap qimmii	Marias Hunde (der Maria ihre Hunde)	*Marias Hund-ihre*
Benedikt’ip qimmia	Benedikts Hund (dem B. sein Hund)	*Benedikts Hund-sein*

Bei nichtgrönländischen Namen auf Mitlaut wird immer **’ip** angehängt.

Mein & Dein: Besitzanzeiger

Auch für „mein, dein, unsere“ usw., die den Besitz anzeigen, gibt es Endungen, die für alle Hauptwörter fast gleich sind, aber jede Klasse verhält sich anders beim Anfügen dieser Nachsilben. Da Grönländisch männlich und weiblich nicht unterscheidet, sind die Endungen für „sein“ natürlich auch für „ihr“ gültig.

Beispiele dazu sind im Anhang. Dies sind die Besitzanzeiger der Grundform Ez und Mz, die des ABH erspare ich Ihnen.

Im Gegensatz zu den 3 Personen Ez/Mz, die das Deutsche kennt (ich/wir = 1. Person, du/ihr = 2. Person, er/sie/es, sie (Mz) = 3. Person), hat Grönländisch noch eine vierte. Sie bedeutet etwa „er, sie, es selbst“.

Eigentum Ez		Mz		Ez		Mz	
1. Pers. **-ga (ra)**	mein	**-kka**	meine	**-rput**	unser	**-vut**	unsere
2. Pers. **-t**	dein	**-tit**	deine	**-rsi**	euer	**-si**	euere
3. Pers. **-a**	dessen	**-i**	dessen	**-at**	deren	**-i (at)**	deren
4. Pers. **-ni**	sein eig.	**-ni**	seine eig.	**-rtik**	ihr eig.	**-tik (sik)**	ihre eig.

Es wird genau unterschieden, ob jemand mit seinem eigenen Besitz etwas macht oder mit dem von jemand anderem, z. B.:

das Haus eines anderen

3. Person: **Illu-a.** (Er sieht) dessen Haus.
4. Person: **Illu-ni.** (Er sieht) sein *eigenes* Haus.

Die Formen in Klammern sind Nebenformen, die in bestimmten Fällen verwendet werden:
-ra wird immer bei Grundform auf **-q** verwendet;
-at statt **-i** für „deren“ wird immer nach **-a** verwendet *(A!)*;
-sik steht oft, aber leider nicht immer, nach **-i**.

Grundsätzlich gilt für alle Klassen: die Form für „dein" mit **-t** ist immer gleich der Mehrzahl. Somit hat **illut** drei Bedeutungen: „dein Haus", „die Häuser" und „der Häuser" (ABH, Mz).

Besitzanzeiger bei Klasse 1

Fügt man die Besitzanzeiger an Wörter der Klasse 1, muss man den Endbuchstaben beachten. Die Besitzanzeiger verändern sich hier nach folgenden Regeln:

Wort auf ...	
-a, **-i**, **-u**	Endungen einfach anfügen und auf *(QR!)* achten.
-q	Endungen anstatt **-q** anfügen. Für „mein" steht **-ra.**
-k	Endungen anstatt **-k** anfügen. Für „dein" steht **-it.** „Unser", „euer" und „ihr eigener" lauten **-pput, -ssi** und **-tsik**.
-t	Vor allen Endungen einen Bindevokal einfügen: in der 3. Person **-a-**, sonst immer **-i**. Für „deren" steht Bindevokal **a** + **-at,** also **-aat.**

Manche Wörter auf **-i** ändern dieses **-i** vor den Endungen der 3. Person zu **-a**:
ini „Zimmer": **inaa** „sein Zimmer", **inaat** „ihr Zimmer" und „ihre Zimmer".

Endet das Wort auf langem Vokal, wird vor einer Endung mit Vokal noch ein **-v-** eingeschoben: **angajoqqaat** „Eltern", **angajoqqaavi** „seine Eltern".

Mein & Dein: Besitzanzeiger

Besitzanzeiger der Klassen 2 & 3

Eine vollständige Liste finden Sie im Anhang.

Bei Klasse 2 werden Endungen auf Vokal oder **-r-** an die Grundform der Ez gehängt (**-q/-k** fällt weg), alle anderen Endungen kommen an den Stamm.

atuaga|ra
mein Buch

atuakka|kka
meine Bücher

atuakka|t
dein Buch

atuaga|i
jemand andres' Bücher

Bei Klasse 3 kommen die Endungen der 3. Person sowie **-(i)t** für „dein" an den Stamm, die anderen an die Grundform (**-q/-k** fällt weg).

ate|ra
mein Name *(QR!)*

aqq|a
dessen Name (3. Pers. Ez)

aqq|it
dein Name

ati|ni
sein eig. Name (4. Pers. Ez)

Beugung der Hauptwörter

Ortsverhältnisse werden mit drei speziellen Fällen ausgedrückt:

Die Ortsfälle ±mi/ni, ±mut/nut & ±mit/nit

Ez	Mz		
±mi	**±ni**	in ... drin; an ... dran; bei; auf	*Lokativ, (LOK)*
±mut	**±nut**	in ... hinein, zu ... hin	*Allativ, (ALL)*
±mit	**±nit**	aus ... heraus, von ... weg; aus (Material)	*Ablativ, (ABL)*

± bedeutet, dass ein Schluss-Mitlaut je nach Klasse abgeschnitten wird bzw. angeglichen. Hier kommen die drei Klassen voll zur Geltung.

In der Klasse 1 werden diese Endungen an Vokale einfach angefügt; gleichen **m-** und **n-** immer das Schluss-**k** an, das auch zu **m** bzw. **n** wird; das Schluss-**t** wird nur bei **m-** angeglichen, nie bei **n-**; das Schluss-**q** fällt in dieser Klasse weg.

	illu	**panik**	**angut**	**arnaq**
Ez	**illu|mi**	**panim|mi**	**angum|mi**	**arna|mi**
	im Haus	bei der Tochter	beim Mann	bei der Frau
Mz	**illu|ni**	**panin|ni**	**angut|ini**	**arna|ni**
	in Häusern	bei den Töchtern	bei Männern	bei Frauen

In Klasse 2 kommen diese Endungen immer an den Stamm.

Ez	**atuakka|mi**	im Buch
Mz	**atuakka|ni**	in Büchern

In Klasse 3 sind die Endungen immer angleichend: aus **-k** wird **-m-** bzw. **-n-**, aus **-q** wird **-r**.

-mi bedeutet sowohl „in dem" als auch „in einem". Das gilt für alle Endungen.

	ateq	kamik
Ez	**ater|mi** im Namen	**kamim|mi** im/am Stiefel
Mz	**ater|ni** in den Namen	**kamin|ni** in/an den Stiefeln

Ortsfälle werden auch bei Ortsnamen verwendet.

Nuum|mi in Nuuk
Nuum|mut nach Nuuk
Nuum|mit aus/von Nuuk

Der Wie/Womitfall ±mik/nik

Der wichtige Fall Instrumental (INSTR) hat verschiedene Anwendungen. Er bezeichnet das, womit eine Handlung ausgeführt wird. Er wird wie die Ortsfälle angefügt: **mik** ist Ez, **nik** ist Mz.

Ez	**panim|mik** mit der Tochter	**atuakka|mik** mit dem Buch	**kamim|mik** mit dem Stiefel
Mz	**panin|nik** mit den Töchtern	**atuakka|nik** mit den Büchern	**kamin|nik** mit den Stiefeln

Der via-fall -kkut/±tigut

Der Vialis (VIA) bedeutet „via, über; hindurch", also einen Weg, den man nimmt oder eine genau umgrenzte Stelle, wo etwas stattfindet (z. B. wo genau soll ich unterschreiben, wo genau tut es weh).

Ez-Endung **-kkut**	Mz-Endung **±tigut**
Klasse 1: an Grundform, **-q**/**-k** fallen weg	an Stamm
Nach **-t** wird Binde-**i** eingefügt: **-ikkut**	**-itigut**
Klasse 2: an Stamm	an Stamm
Klasse 3: an Grundform, **-q**/**-k** fallen weg	an Grundform, **-q** wird zu **-r**

Wörter auf **-ik** + **tigut**:	**-issigut**
Wörter auf **-ak/-uk** + **tigut**:	**-atsigut/-utsigut**

Die Mz-Endung +tigut *verschmilzt mit* -k.

<table>
<tr><td>matu· 1 Tür</td><td>matu|kkut
durch die Tür/Türen</td><td>matu|tigut</td></tr>
<tr><td>seeqqo·q 1 Knie</td><td>seeqqu|kkut
am Knie/den Knieen (z. B. Schmerzen)</td><td>seeqqutigut</td></tr>
<tr><td>serme·q 3 Gletscher</td><td>sermi|kkut (QR!)
über den/die Gletscher</td><td>sermer|tigut</td></tr>
<tr><td>umiarsua·q 3 Schiff</td><td>umiarsua|kkut
mit dem/den Schiff(en), Seepost</td><td>umiarsuar|tigut</td></tr>
<tr><td>Narsarsua·q 3</td><td>Narsarsua|kkut
via Narsarsuaq (ein Ort)</td><td></td></tr>
</table>

Der so-wie-Fall ±tut

Dieser Fall Äqualis (AQU) ist in Ez und Mz immer gleich und bedeutet „so wie; als“. Nach **-i** lautet er oft **-sut**. Im Übrigen wird **±tut** wie **±tigut** angefügt, verschmilzt also auch mit -**k**.

<table>
<tr><td>illu|tut
wie ein Haus/Häuser</td><td>ater|tut
wie ein Name/Namen</td></tr>
<tr><td>panis|sut
als Tochter/Töchter</td><td>inut|tut
wie ein Mensch/ Menschen</td></tr>
</table>

Mit +lu *„und" daran angefügt können Sie Ihren ersten grönländischen Wortbandwurm bilden:* Danmarkimisullu *„und wie in Dänemark". Gar nicht so schwer, oder?*

-tut kann auch an andere Fallendungen angefügt werden:

Danmarkimi	**Danmarkimisut**
in Dänemark	wie in Dänemark

Der Äqualis wird bei Sprachbezeichnungen verwendet:
kalaaleq „Grönländer" + **-tut**: **kalaalli|sut** *(QR!)* „wie ein Grönländer, grönländisch".

Besitzanzeiger + ni/nut/nit/nik

Teilweise werden andere Besitzanzeiger eingeschoben: -mi- *für „sein eigener",* -tsi- *für „uns". Ez und Mz sind nur in der 3. Person unterscheidbar.*

Besitzanzeiger können mit Beugungsendungen kombiniert werden, also z. B. **illuga** „mein Haus" + **ni** „in" = in meinem Haus. Ez und Mz verwenden beide **+ni/nut/nit/nik.** Ich zeige Ihnen das nur für Wörter der Klasse 1 auf Vokal und stellvertretend an **+ni**. Diese Konstruktion ist später für Ortsangaben zentral wichtig.

+ni gleicht die Besitzanzeiger an, dadurch entstehen einige mehrfachdeutige Formen.

illu ein Haus	**illut** Häuser
illu|nni in meinem Haus	**illu|nni** in meinen Häusern
illu|nni in deinem Haus	**illu|nni** in deinen Häusern
illu|ani in dessen Haus	**illu|ini** in dessen Häusern
illu|mini in seinem eigenen Haus	**illu|mini** in seinen eig. Häusern
illu|tsinni in unserem Haus	**illu|tsinni** in unseren Häusern
illu|ssinni in eurem Haus	**illu|ssinni** in euren Häusern
illu|anni in deren Haus	**illu|ini** in deren Häusern
illu|minni in ihrem eigenen Haus	**illu|minni** in ihren eig. Häusern

In Klasse 2 und 3 sowie bei Wörtern auf Mitlaut gibt es verschiedene Angleichungen. Da dies allerdings nach festen Regeln passiert, können Sie das aus der Beispieltabelle im Anhang abschauen. Wenn Sie z. B. die Formen für **panik** kennen, können Sie sie auch auf **orpik** „Baum" aus derselben Klasse anwenden.

Für die anderen Fälle ersetzen Sie einfach (n)ni *durch* (n)nut, (n)nit *usw.*

Grönland & grönländisch

Nun können wir verstehen, was der Landesname **Kalaallit Nunaat** wirklich bedeutet:
kalaa·leq, -llit 2 Grönländer, **nuna·, -t** 1 Land
Kalaallit Nunaat ist „der Grönländer ihr Land".

Meist bezeichnen Grönländer ihr Land untereinander als **nunarput** „unser Land". Deswegen heißt „in Grönland" oft auch **nunatsinni** „in unserem Land", nach Grönland **nunatsinnut** „in unser Land" usw.

„Grönländisch" wird je nach Kontext verschieden übersetzt. Für die Sprache oder „nach Grönländer-Art" steht **kalaallisut** „wie Grönländer". Bedeutet es hingegen „in Grönland befindlich", wird an Grönländer gerichtet **nunatsinni** „in unserem Land" gebraucht oder **Kalaallit Nunaanni** „in der Grönländer ihrem Land", wenn man auch das Ausland im Blick hat.

Verben

Für richtige Sätze brauchen wir die Verben. Sie sind viel regelmäßiger als die Hauptwörter, und in einiger Hinsicht genauer als deutsche Verben.

Die drei Verbstämme

Die Verben werden in drei Stämme eingeteilt, was für die Beugung und das Anfügen der Suffixe wichtig ist. Durch Streichen der letzten drei Buchstaben der Grundform erhält man den Verbstamm:

Grundform	Stamm	
aperi|voq	**aperi-**	endet auf Vokal = V-Stamm
sinip|poq	**sinip-**	endet auf Konsonant = K-Stamm
atuar|poq	**atuar-**	endet auf r = R-Stamm

In Zweifelsfall wird es eher als Vergangenheitsform verstanden, als ein Zustand oder das Ergebnis einer Handlung, die bis zur Gegenwart reicht.

Grönländisch kommt ohne eine Grundform (Infinitiv, z. B. fragen, lesen) aus. Als Nennform wird in den Wörterbüchern die Form für die 3. Pers. Ez „er/sie/es" angegeben. Ohne zusätzliche Suffixe umfasst das Verb in allen Personen die Vergangenheit und Gegenwart:

aperivoq „er/sie/es fragte" und „fragt"
sinippoq „er/sie/es schlief" und „schläft"
atuarpoq „er/sie/es las" und „liest"

Die Vergangenheit-Gegenwart

Verben werden gebeugt nach dem Muster „ich gehe, du gehst, er geht“ usw. Die dafür gebrauchten Endungen sind für alle Verben eines Stammes jeweils gleich.

Person	V-Stamm	K-Stamm	R-Stamm	
ich	**aperi|vunga**	**sinip|punga**	**atuar|punga**	fragte, schlief, las
du	**aperi|vutit**	**sinip|putit**	**atuar|putit**	fragtest, schliefst, last
er/sie/es	**aperi|voq**	**sinip|poq**	**atuar|poq**	fragte, schlief, las
wir	**aperi|vugut**	**sinip|pugut**	**atuar|pugut**	fragten, schliefen, lasen
ihr	**aperi|vusi**	**sinip|pusi**	**atuar|pusi**	fragtet, schlieft, last
sie	**aperi|pput**	**sinip|put**	**atuar|put**	fragten, schliefen, lasen

Persönliche Fürwörter (ich, du, wir usw.) sind nicht extra nötig, da sie in der Endung immer mit enthalten sind.

Ich gebe nur die Übersetzung in der Vergangenheit an, aber alle Formen können auch als gegenwärtig übersetzt werden, z. B. „ich frage, schlafe, lese“...

Atuar|pugut.
lesen WIR
Wir lasen *oder* lesen.

Aperi|vusi.
fragen-IHR
Ihr fragtet *oder* fragt.

Die Frageform

Im Gegensatz zum Deutschen wird hier die Stimme am Satzende gesenkt.

In Fragen braucht man außer in der 1. Person Ez und Mz spezielle Formen.

Person	V-Stämme	K-Stämme	R-Stämme	
2. Ez	**aperi|vit?**	**sinip|pit?**	**atuar|pit?**	fragtest, schliefst, last?
3. Ez	**aperi|va?**	**sinip|pa?**	**atuar|pa?**	fragte, schlief, las?
2. Mz	**aperi|visi?**	**sinip|pisi?**	**atuar|pisi?**	fragtet, schlieft, last?
3. Mz	**aperi|ppat?**	**sinip|pat?**	**atuar|pat?**	fragten, schliefen, lasen?

Ich werde ab jetzt je nach Sinnzusammenhang nur mit einer der beiden Möglichkeiten übersetzen.

Oli sinip|pa?	**Suu, sinip|poq.**
Ole schlafen-ER?	*Ja schlafen-ER*
Schläft/Schlief Ole?	Ja, er schläft/schlief.

Die unbestimmte Satzergänzung mit ±mik/±nik

Bei bestimmter Satzergänzung steht im Deutschen der bestimmte Artikel „den, die, das“: Er sah den Hund, die Eisbären usw. Einen Artikel gibt es im Grönländischen aber nicht. Um eine bestimmte Satzergänzung ausdrücken zu können, müssen wir noch etwas ausholen.

Der Aufbau eines grönländischen Satzes hängt allein davon ab, ob das Handlungsziel (Objekt) bestimmt ist oder nicht. Das ist der Auftritt des Instrumental: bezieht sich eine Handlung auf etwas Unbestimmtes – im Deutschen steht dann ein, eine oder gar nichts dabei –, dann steht dieses Unbestimmte im Instrumental. Er bedeutet dann nicht mehr „mit“, sondern „einen, eine, ein“.

Qimmi|mik taku|vunga.
Hund-INSTR sehen-ICH
Ich sah einen Hund.

Nannu|nik taku|vugut.
Eisbär-INSTR(Mz) sehen-WIR
Wir sahen Eisbären.

Zielende & nichtzielende Verben

Der Unterschied zwischen zielend und nichtzielend ist für Grönländisch fundamental wichtig. Zielende (transitive) Verben haben immer eine Satzergänzung nach sich, die das Ziel der Handlung beschreibt. So sind „leihen“oder „sehen“ zielend, da sie z. B. mit „es“ ergänzt werden können.

„Ich leihe es“ ist ein richtiger Satz.

Nichtzielende (intransitive) Verben stehen dagegen alleine, ohne „es" danach: „schlafen" oder „wohnen" sind nichtzielend, da „ich schlafe es" Unsinn ist.

Man kann zwar sagen „Ich sehe", aber da wird das eigentlich zielende Verb nichtzielend gebraucht. Auch das ist möglich, darauf kommen wir noch zurück.

Zielende Verben haben für alle Personen einen ganz eigenen Satz von Endungen. Sie gehören auch immer zu einem der drei Verbstämme. In den Wörterlisten werden sie je nach Stamm mit **-(v)aa**, **-ppaa** oder **-rpaa** angegeben.

neri|vaa	V-Stamm	aß ihn/sie/es
taku|vaa	V-Stamm	sah ihn/sie/es
naapip|paa	K-Stamm	begegnete ihm/ihr
atuar|paa	R-Stamm	las ihn/sie/es

v fällt zwischen u *und* a *aus, ist dennoch V-Stamm.*

Die zielende Verbform sagt aus, wer wem etwas tut. Sie enthält untrennbar je nach Bedeutung „ihm, ihr" (deutscher Wemfall) oder „ihn, sie, es" (deutscher Wenfall) oder entspricht sogar mehreren Worten im Deutschen, z. B. **saneqqup|paa** „er geht seitlich an ihm vorbei".

An den zielenden Endungen ist erkennbar, ob eine Person handelt oder mehrere, und gleichzeitig ob ein Ziel oder mehrere davon betroffen sind:

ein Ziel	mehrere Ziele	
neri|vaa er aß es	**neri|vai** er aß sie (Mz)	*ein Handelnder*
neri|vaat sie aßen es	**neri|vaat** sie aßen sie (Mz)	*mehrere Handelnde*

Um ein zielendes Verb nichtzielend zu machen, bekommt es meist ein zusätzliches Suffix.

Viele Verben können zwischen zielend und nichtzielend wechseln, aber nicht alle. Um ein nichtzielendes Verb, z. B. **atuarpoq** „liest“, zielend zu machen, ersetzt man die nichtzielende Endung durch die zielende: **atuarpaa** „liest es“.

Die bestimmte Satzergänzung

In einem Satz mit zielender Verbform bezeichnet die Grundform das Ziel dieser Handlung, nie den Handelnden. Die Bestimmtheit des Zieles wird durch seine Wiederholung in der zielenden Endung als „ihn, sie“ etc. angezeigt.

Zurück zur bestimmten Satzergänzung mit ihrem bestimmten Artikel im Deutschen, z. B. er sieht den Hund, den Eisbären etc. Da Grönländisch weder Wem- noch Wenfall hat, steht die bestimmte Satzergänzung in der Grundform, also in der Ez ohne Endung (z. B. **qimmeq**), in der Mz mit der normalen Mz-Endung (z. B. **qimmit**). Das dazugehörige Verb steht in der zielenden Form. Dabei muss man aufpassen: ist die Satzergänzung in der Ez, muss auch die zielende Form gewählt werden, die sich auf nur ein Ziel bezieht (z. B. **-vaa**, **-vaat** aus 1. Spalte oben). Steht sie in der Mz, muss auch die Endung sich auf mehrere Ziele beziehen (z. B. **-vai**, **-vaat**)

Qimmeq taku|vaa.	**Qimmi|t taku|vai.**
Hund sehen-ER_IHN	*Hund-Mz sehen-ER_SIE*
Er sah den Hund.	Er sah die Hunde.
(„Hund er sah ihn“)	(„Hunde er sah sie“)

Damit der Unterschied ganz klar wird, gebe ich noch einmal Sätze mit unbestimmter Satzergänzung auf **+mik** an. Bei unbestimmter Satzergänzung stehen immer die nichtzielenden Verbformen. Hier bezeichnet die Grundform nicht (wie im bestimmten Fall) das Handlungsziel – das wird ja mit **+mik** (INSTR) bezeichnet –, sondern den Handelnden, also hier z. B. **angut:**

Angut qimmi|mik taku|voq.
Mann Hund-INSTR sehen-ER
Der Mann sah einen Hund.

Nannu|mik taku|pput.
Eisbär-INSTR sehen-SIE
Sie sahen einen Eisbären.

Sehr wichtig: Bei bestimmter Satzergänzung steht der Handelnde (das Subjekt) immer im Abhängigkeitsfall. Die Grundform ist ja schon für das Handlungsziel reserviert.

Der Abhängigkeitsfall entspricht hier dem deutschen Werfall (Nominativ). Nur wenn das grönländische Verb nichtzielend ist, wird der deutsche Werfall im Grönländischen mit der Grundform wiedergegeben. Ist es zielend, entspricht dem deutschen Werfall der grönländische ABH.

Angut|ip qimmeq taku|vaa.
Mann-ABH Hund sehen-ER_IHN
Der Mann sah den Hund.

Angut|it nanoq taku|vaat.
Mann-ABH(Mz) Eisbär sehen-SIE_IHN
Die Männer sahen den Eisbär.

Diese für uns ungewöhnliche Konstruktion kommt in ähnlicher Weise in einigen Sprachen (Baskisch z. B.) vor und wird ergativisch genannt.

Die bestimmte Satzergänzung

<table>
<tr><th>Handelnder (Subjekt)</th><th>Ziel (Objekt)</th><th>Verb</th></tr>
<tr><td>bestimmt oder unbestimmt:
in Grundform
angut
der Mann / ein Mann</td><td>unbestimmt:
mit +mik/+nik
qimmi|mik
ein Hund-INSTR</td><td>
nichtzielende Form
takuvoq
er sah</td></tr>
<tr><td>bestimmt:
in ABH-Fall
angut|ip
der Mann-ABH</td><td>bestimmt:
in Grundform
qimmeq
der Hund</td><td>
zielende Form
takuaa
er sah ihn</td></tr>
</table>

Bisher haben wir nur die zielenden Endungen der 3. Person behandelt. Es gibt sie auch für die 1. und 2. Person sowie für die 2. Person spezielle Frageformen, hier am Beispiel von **nerivaa** „er aß es“.

<table>
<tr><th></th><th>ihn/sie(Ez)/es</th><th>sie (Mz)</th><th>ihn/sie/es?</th><th>sie?</th></tr>
<tr><td>ich aß...</td><td>neri|vara</td><td>neri|vakka</td><td></td><td></td></tr>
<tr><td>du aßest ...</td><td>neri|vat</td><td>neri|vatit</td><td>neri|viuk?</td><td>neri|vigit?</td></tr>
<tr><td>er/sie/es aß ...</td><td>neri|vaa</td><td>neri|vai</td><td></td><td></td></tr>
<tr><td>wir aßen ...</td><td>neri|varput</td><td>neri|vavut</td><td></td><td></td></tr>
<tr><td>ihr aßt ...</td><td>neri|varsi</td><td>neri|vasi</td><td>neri|visiuk?</td><td>neri|visigik?</td></tr>
<tr><td>sie aßen...</td><td>neri|vaat</td><td>neri|vaat</td><td></td><td></td></tr>
</table>

Bei den K-Stämmen steht **-pp-** statt **-v-**: z. B. **naapip|parput** „wir trafen ihn“ und bei den R-Stämmen **-rp-**: **atuar|para** „ich las es“, **atuar|pakka** „ich las sie“, usw. Sonst sind die Endungen für alle Verben gleich.

<table>
<tr><td>Qimmeq taku|vara.
Hund sehen-ICH_IHN
Ich sah den Hund.</td><td>Qimmi|t taku|vakka.
Hund-Mz sehen-ICH_SIE
Ich sah die Hunde.</td></tr>
</table>

Nanoq taku|varput.
Eisbär sehen-WIR_IHN
Wir sahen den Eisbären.

Nannu|t taku|vavut.
Eisbär-Mz sehen-WIR_SIE
Wir sahen die Eisbären.

Bei allen Personen außer der 2. sind die Frageformen wie die Aussageformen.

Tuttu taku|viuk?
Rentier sehen-DU_ES?
Sahst du das Rentier?

Tuttu taku|vaa?
Rentier sehen-ER_ES?
Sah er das Rentier?

Die Zukunft mit -ssa-

Zukünftige Handlungen (ZUK) müssen mit eigenen Endungen gekennzeichnet werden. Da ist Grönländisch sehr genau, sonst kann es zu Missverständnissen kommen. Sie schneiden den letzten Mitlaut vom Stamm ab, sind für alle Verben aber gleich.

1. Ez	**aperi|ssaanga**	ich werde fragen
2. Ez	**aperi|ssaatit**	du wirst fragen
3. Ez	**aperi|ssaaq**	er/sie/es wird fragen
1. Mz	**aperi|ssaagut**	wir werden fragen
2. Mz	**aperi|ssaasi**	ihr werdet fragen
3. Mz	**aperi|ssapput**	sie werden fragen

2. Ez	**sini|ssavit?**	wirst du schlafen?
3. Ez	**sini|ssava?**	wird er schlafen?
2. Mz	**sini|ssavasi?**	werdet ihr schlafen?
3. Mz	**sini|ssappat?**	werden sie schlafen?

Die 2. und 3. Person haben eigene Frageformen.

Um die zielenden Formen der Zukunft zu bilden, kombinieren Sie bei allen Verben die zielende Endung (siehe oben z.B. **vara, vat, vaa**) mit **-ssa-**, z.B.

<table>
<tr><td>neri|ssavara</td><td>ich werde es essen</td></tr>
<tr><td>atua|ssavara</td><td>ich werde sie lesen</td></tr>
<tr><td>naapi|ssavarput</td><td>wir werden ihn treffen</td></tr>
<tr><td>atua|ssavisiuk?</td><td>werdet ihr sie lesen?</td></tr>
</table>

Die -ssa-Form bedeutet auch „soll“, so heißt z. B. der erste Satz gleichzeitig: „Wir sollen im Zelt schlafen“.

Tuper|mi sini|ssa|agut.
Zelt-im(LOK) schlafen-ZUK-WIR
Wir werden (sollen) im Zelt schlafen.

Angallat aqagu tiki|ssa|aq.
Schiff morgen kommen-ZUK-ES
Das Schiff wird morgen kommen.

Verneinung mit -nngila-

Die Verneinung ist ein abschneidendes Suffix, dessen Endungen für alle Verben gleich sind.

<table>
<tr><td>1. Ez</td><td>aperi|nngilanga</td><td>ich frage nicht</td></tr>
<tr><td>2. Ez</td><td>aperi|nngilatit</td><td>du fragst nicht</td></tr>
<tr><td>3. Ez</td><td>aperi|nngilaq</td><td>er/sie/es fragt nicht</td></tr>
<tr><td>1.Mz</td><td>aperi|nngilagut</td><td>wir fragen nicht</td></tr>
<tr><td>2.Mz</td><td>aperi|nngilasi</td><td>ihr fragt nicht</td></tr>
<tr><td>3. Mz</td><td>aperi|nngillat</td><td>sie fragen nicht</td></tr>
</table>

Nur die 3. Person Ez hat in der verneinten Frage eine eigene Form, in der **-q** wegfällt: **sininngila?** schläft er nicht?

neri|nngilara	ich aß es nicht
atua|nngilara	ich las sie nicht
naapi|nngilarput	wir trafen ihn nicht
atua|nngilisiuk?	last ihr sie nicht?

Bei den zielenden Formen werden -va-, -ppa- *und* -rpa- *durch* -nngila- *ersetzt.*

Tuper\|mi sini\|nngila\|gut.
Zelt-im(LOK) schlafen-nicht-WIR
Wir schliefen nicht im Zelt.

Atuagaq atua\|nngila\|ra.
Buch lesen-nicht-ICH_ES
Ich habe das Buch nicht gelesen.

Alle diese Formen können Sie auch problemlos in die Zukunftsform setzen, indem Sie vor **-nngila-** noch **-ssa-** einfügen.

Angallat aqagu tiki\|ssa\|nngila\|q.
Schiff morgen kommen ZUK nicht-ES
Das Schiff wird morgen nicht kommen.

Ein sehr wichtiges Verb ist **naluvaa** „er weiß es nicht". Positiv „wissen" wird durch dessen verneinte Form ausgedrückt:

nalu\|nngila\|ra
nicht_wissen-GEGENTEIL-ICH_ES
Ich weiß es.

Der Satzkern

Grönländische Sätze können immer nur ein Verb mit einer der zielenden oder nichtzielenden Endungen, die oben angeführt sind, enthalten. Das ist der wichtige Satzkern, der festlegt, wer die zentrale handelnde Person ist (= Subjekt des Satzes). Das hat Bedeutung, wenn mehr als ein Verb in einem Satz notwendig wird.

Ausdruck von Eigenschaften

Eigenschaften wie „gut, klein, hölzern, grönländisch ...“ werden auf verschiedene Weise ausgedrückt. Grundsätzlich stehen sie nach dem Hauptwort.

Zum einen können Hauptwörter als Eigenschaftswörter verwendet werden, mit oder ohne **±mit**:

angut utoqqaq	**ukkusissa|mit sanaaq**
Mann alter_Mensch	*Speckstein-aus(ABL) Produkt*
alter Mann	Specksteinerzeugnis

Dann gibt es Eigenschaftssuffixe: **-suaq** „groß“ z. B. oder **-nnguaq** „klein, lieb, positiv“.

qimi|nnguaq
Hund-klein
ein kleiner Hund.
(niedlicher)

Kunu|nnguaq
Kunuk-klein
der liebe Knud
(Rasmussen)

So wird der berühmte Polarforscher Knud „Kunuk" Rasmussen heute noch genannt.

Die größte Bedeutung haben jedoch die Eigenschaftsverben.

Eigenschaftsverben

Eigenschaftsverben unterscheiden sich in nichts von den bisher behandelten Verben. In ihnen ist die Eigenschaft + „ich bin, du bist, er ist ..." usw. enthalten.

angivoq	ist groß
aappaluppoq	ist rot
kusanarpoq	ist schön

Sie werden gebeugt wie nichtzielende Verben, mit Verneinung, Frageformen, Zukunft usw.

Qimmeq angi|voq.
Hund groß_sein-ER
Der Hund ist groß.

Tupe|rput miki|voq.
Zelt-unser klein_sein-ES
Unser Zelt ist klein.

Qasu|vit?
müde_sein-DU?
Bist du müde?

Qimmi|t qasu|nngilla|t?
Hund-Mz(QR!) müde_sein-nicht-SIE?
Sind die Hunde nicht müde?

Für „ist gut“ gibt es kein eigenes Wort, dafür wird verneintes **ajorpoq** „ist schlecht“ verwendet.

Aju|nngila|q.
schlecht_sein-GEGENTEIL-ES
Es ist gut.

Das bedeutet also nicht nur „das ist nicht schlecht“, sondern wirklich „das ist gut“.

Aqagu sila aju|ssa|nngila|q.
morgen Wetter schlecht_sein-ZUK-GEGENTEIL-ES
Morgen wird es gutes Wetter.

Eigenschaftsnomen auf -toq

Eigenschaftsverben können nicht ohne das mitverstandene „bin, bist, ist ...“ usw. stehen. Vergleichen Sie:

Das Zelt *ist* klein = **Tupeq mikivoq.**
Das kleine Zelt = **Tupeq ... ??**

mikivoq *kann man hier nicht setzen!*

Sie ahnen es vermutlich: in dieser Funktion direkt am Hauptwort (attributiv) ohne das verbindende Wort „ist“ erhält das Eigenschaftsverb eine andere Endung.

V-Stamm	**miki|voq**	ist klein	**miki|soq**	klein
K-Stamm	**aappalup|poq**	ist rot	**aappalut|toq**	rot
	oqimaap|poq	ist schwer	**oqimaa|tsoq**	schwer
	pikkorip|poq	ist tüchtig	**pikkoris|soq**	tüchtig
R-Stamm	**ajor|poq**	ist schlecht	**ajor|toq**	schlecht

-nngilaq	**-nngitsoq**: **aju|nngilaq** ist gut	**aju|nngitsoq** gut
-ssaaq	**-ssasoq**: **miki|ssaaq** wird klein sein	**miki|ssasoq** ein zukünftig kleines

V- und R-Stamm haben bis auf wenige Ausnahmen eine Endung (**-soq** bzw. **-toq**), der K-Stamm drei mögliche Endungen **(-ttoq, -tsoq, -ssoq).** Einige haben außerdem langes **-oo-**, das bedeutet, dass die Eigenschaft in hohem Maße vorhanden ist: **puala|sooq** „dick, fett".

Ich gebe die Endung für jedes Verb mit an.

Die Bedeutung dieser (abkürzend so genannten) **-toq**-Form ist „jemand/etwas mit dieser Eigenschaft". Sie ist etwas ähnliches wie ein Hauptwort, kann aber noch mehr als das. Ich nenne ich sie etwas vereinfacht Eigenschafts-Nomen (NOM).

Eigenschaftsnomen werden wie Hauptwörter der Klasse 1 gebeugt (QR!). Sie stimmen in Zahl und Fall mit dem zugehörigen Hauptwort überein.

tupeq miki|soq
Zelt klein_sein-NOM
das kleine Zelt

illu angi|sooq
Haus groß_sein-NOM
das große Haus

Steigern & Vergleichen

Das Eigenschaftsverb kann auch gesteigert werden. Grönländisch unterscheidet am Eigenschaftsverb nicht sauber zwischen erster Steigerungsstufe (größer) und der zweiten (am größten). Beide werden mit dem Verbsuffix **+neruvoq** „ist mehr" gebildet.

Steigern & Vergleichen

<table>
<tr><td>V-Stamm</td><td>portu|voq hoch</td><td>portu|neruvoq ist höher, am höchsten</td></tr>
<tr><td>K-Stamm</td><td>pikkorip|poq ist tüchtig</td><td>pikkorin|neruvoq ist tüchtiger, am tüchtigsten</td></tr>
<tr><td>R-Stamm</td><td>ajor|poq ist schlecht</td><td>ajor|neruvoq ist schlechter, am schlechtesten</td></tr>
</table>

Oqaluf|fik portu|neru|voq.
sprechen-ORT hoch_sein-mehr_sein-SIE
Die Kirche ist höher *oder* am höchsten.

Aqagu sila ajor|neru|ssaa|q.
morgen Wetter schlecht_sein-mehr_sein-ZUK-ES
Das Wetter wird morgen schlechter sein.

Die **-toq**-Form wird gesteigert, indem ihre jeweilige Endung (**-toq, -soq, -sooq** usw.) durch **+neq** (Klasse 3) ersetzt wird. Die Endung **+neq** entspricht nur der zweiten Steigerungsform.

<table>
<tr><td>V-Stamm</td><td>portu|sooq hoch</td><td>portu|neq der höchste</td></tr>
<tr><td>K-Stamm</td><td>pikkoris|soq tüchtig</td><td>pikkorin|neq die tüchtigste</td></tr>
<tr><td>R-Stamm</td><td>ajor|toq schlecht</td><td>ajor|neq das schlechteste</td></tr>
</table>

Qaqqaq portu|neq taku|vara.
Berg hoch_sein-MEIST sehen-ICH_IHN
Ich sehe den höchsten Berg.

Einen Vergleich drückt **±mit** aus, das hier „als" entspricht.

Ujarak qisu|mmit oqimaan|neru|voq.
Stein Holz-als(ABL) schwer_sein-mehr_sein-ER
Stein ist schwerer als Holz.

Eigenschaftsverb	**-toq**-Form	Steigerung mit **+neq**	
ajunngilaq	**ajunngitsoq**	**ajunnginneq**	gut
angivoq	**angisooq**	**anneq**	groß
mikivoq	**mikisoq**	**minneq**	klein
takivoq	**takisooq**	**tanneq**	lang
utoqqa|avoq *(A!)*	**utoqqaq***	**utoqqaaneq**	alt (Lebensalter)
nuta|avoq *(A!)*	**nutaaq***	**nutaaneq**	neu
qorsu|uvoq	**qorsuk***	-	grün

Die mit * gekennzeichneten Eigenschaftswörter sind ausnahmsweise keine Verben, sondern werden mit **-uvoq** „ist" erst dazu gemacht. Sie haben auch keine echte **-toq**-Form.

Übersicht über die wenigen unregelmäßig gesteigerten Eigenschaftsverben.

Umstandswörter

Um auszudrücken, wie eine Handlung verläuft (z. B. geht schnell, spricht langsam) werden Umstandswörter verwendet. Sie werden aus der **-toq**-Form mit **-mik** gebildet.

arriip|poq	etwas langsam tun
arrii|tsoq	langsam
arrii|tsu|mik *(QR!)*	langsam

Verb
Eigenschaftswort
Umstandswort

Arrii|tsumik oqalup|poq.
langsam_tun-UMST sprechen-ER
Er spricht langsam.

arriin|nerusumik
langsamer (Umst.)

Adverben werden mit +nerusumik *gesteigert.*

Vielseitige -toq-Form

-toq-Form: ...end; der, welcher; dass

Die **-toq**-Form ist ein genialer Baustein mit sehr weiter Ausdrucksmöglichkeit und taucht fast in jedem zweiten Satz auf. Sie wird auch von Verben gebildet, die Tätigkeiten beschreiben (Tätigkeitsverben), und bedeutet „jemand/etwas, der/das ... tut". Sie wird je nach dem Zusammenhang verschieden übersetzt.

Zum einen entstehen dadurch ganz neue Wörter:

uuma|voq	**uuma|soq**
er/sie/es lebt	Tier (das Lebende)

Berufsbezeichnungen werden in aller Regel so gebildet.

iffior|poq	**iffior|toq**
er bäckt	Bäcker(in)

Oft entspricht ihr das Gegenwarts-Partizip auf ...end:

atuar|poq	**atuar|toq**
sie liest	lesend; Schüler(in); Leser(in)

Atuar|toq siniler|poq.
lesen-...end(NOM) einschlafen-ER
Der Schüler ist eingeschlafen.
oder: Der Leser ist eingeschlafen.

Hoffentlich nicht?!

Angut atuar|toq siniler|poq.
Mann lesen-...end(NOM) einschlafen-ER
Der lesende Mann ist eingeschlafen.

Der zweite Satz heißt auch „Der Mann, der las, ist eingeschlafen". Die **-toq**-Form entspricht oft den deutschen Relativsätzen (nach dem Muster „der Mann, der...", „die Frau, die ..." usw.).

tiki|ppoq	ist gekommen
tiki|ttoq	der/die gekommen ist
illusiniar|poq	möchte ein Haus kaufen
illusiniar|toq	der/die ein Haus kaufen will

Angut Nuum|miit tiki|ttoq naapip|para.
Mann Nuuk-aus(ABL) gekommen_sein-der(NOM) treffen-ICH_IHN
Ich habe den Mann getroffen, der aus Nuuk gekommen ist.

Angut sisa|mut ater|toq taku|vaa.
Mann Strand-zu(ALL) hinuntergehen-der(NOM) sehen-ER_IHN
Er sah den Mann, der zum Strand hinunterging.
Mann Strand-zu(ALL) hinuntergehen-dass(NOM) sehen-ER_ES
Er sah, dass der Mann zum Strand hinunterging.

Die **toq**-Form entspricht auch oft deutschem „dass":

Der letzte Satz hat deshalb zwei WfW-Zeilen, da er auf zwei Weisen wiedergegeben werden kann.

Angallat ullumi tiki|ttoq nalu|nngila|ra.
Schiff heute gekommen_sein-dass(NOM) nichtwissen-GEGENTEIL-ICH_ES
Ich weiß, dass das Schiff heute gekommen ist.

Vielseitige -toq-Form

Alles, was bisher über die -toq-Form gesagt wurde, gilt für nicht-zielende Verben. Entsprechendes gibt es natürlich auch für zielende Verben mit einem reichhaltigen Satz anderer Endungen, die ich Ihnen in diesem Buch aber nicht mehr zumute.

Die **-toq**-Form kann auch Endungen der 1. und 2. Person Ez und Mz bekommen (die Endung **-toq** ist nämlich die für die 3. Person Ez). In diesen Fällen wird sie im Deutschen am besten mit „dass" wiedergegeben:

1. P. Ez	**ater|tunga**	dass ich hinunterging
2. P. Ez	**ater|tutit**	dass du hinuntergingst
3. P. Ez	**ater|toq**	dass er/sie hinunterging
	oder	der/die hinunterging
1. P. Mz	**ater|tugut**	dass wir hinuntergingen
2. P. Mz	**ater|tusi**	dass ihr hinunterging
3. P. Mz	**ater|tut**	dass sie hinuntergingen
	oder	die hinuntergingen

Sisa|mut ater|tu|nga taku|vaa.
Strand-zu(ALL) hinuntergehen-dass(NOM)-ICH sehen-ER_ES
Er sah, dass ich zum Strand hinunterging.

Sisa|mut ater|tu|si taku|vaa.
Strand-zu(ALL) hinuntergehen-dass(NOM)-IHR sehen-ER_ES
Er sah, dass ihr zum Strand hinuntergingt.

Baukasten II: Wichtige Suffixe

Fast jedes grönländische Wort erhält eine oder mehrere Suffixe. Da es viele Begriffe überhaupt nur als Suffix gibt, müssen wir uns einige wichtige ansehen. Fast alle im Konversationsteil verwendeten Suffixe werden hier aufgeführt.

Bitte beachten Sie: ich kann Ihnen hier nicht mehr als einen winzigen Einblick in das Suffixinventar geben. Eine vollständige Liste füllt ein mittleres Buch aus.

Grundsätzliches zu den Suffixen

Die meisten Suffixe können nur an entweder ein Verb oder ein Hauptwort gehängt werden; das letzte Suffix eines Wortes entscheidet, ob es ein Verb oder Hauptwort ist. Durch ein Suffix kann ein Hauptwort zum Verb und umgekehrt werden. Sie können an ein Wort, an dem schon Suffixe hängen, unter Beachtung der allgemeinen Regeln immer noch ein passendes anfügen. Das durch ein Suffix gebildete Hauptwort gehört immer einer der drei Klassen an.

Welche das ist, gebe ich Ihnen an. Entscheidend ist immer das letzte Suffix.

Ebenso gehören durch Suffixe gebildete Verben je nach letztem Suffix zu einem der drei Stämme. Es gibt zielende Suffixe auf **-(v)aa/-paa** und nichtzielende auf **-voq/-poq**; sie werden in der 3. Person Ez angegeben, können aber alle anderen sonstigen Formen eines Verbs erhalten.

Einige Suffixe verändern nach festen Regeln ihre Anfangsbuchstaben. Das gebe ich Ihnen wie folgt an:

Baukasten II: Wichtige Suffixe

1. ^{v} und ^{j} bedeutet: nach langem Vokal schiebt es **v** oder **j** ein:
   -^{v}erserpoq hat seinen ... verloren
   annoraa|verserpoq hat seinen Anorak verloren
   -^{j}uvoq „ist“ **annoraa|juvoq** ist ein Anorak
2. **-gaa**, **-raa**: an R-Stämme wird die Form, die mit **r** beginnt gefügt, sonst die mit **g**: **-gaa|raa** hält es für
   ajor- + **-gaa** — **ajo|raa** hält es für schlecht
   miki- + **-gaa** — **miki|gaa** hält es für klein
3. ^{r}: das Suffix fügt nach Vokal immer **r** ein
   ini + **+^{r}suaq** groß — **ine|rsuaq** großes Zimmer *(QR!)*
4. ^{s}: nach **i** wird **t** oft (leider nicht immer) zu **s**:
   -^{s}tariaqarpoq muss — **iffiasi|sariaqarpoq** muss Brot kaufen
5. $^{kk,\,r,\,j,\,-}$: diese Suffixart hat vier Anfangsformen,
   z. B. **$^{kk,\,r,\,j}$umavoq** will
   bei K-Stämmen mit **kk-**:
   tikip- + **umavoq** — **tikik|kumavoq** will ankommen
   bei R-Stämmen mit **r-**:
   atuar- + **umavoq** — **atua|rumavoq** will lesen
   nach **a**, **u** beginnt es mit **j-**:
   ilaa- + **umavoq** — **ilaa|jumavoq** will mitfahren
   nach **i** schiebt es nichts ein:
   ani- + **umavoq** — **ani|umavoq** will hinausgehen
6. $^{tt,\,t,\,j,\,-}$: diese Suffixart hat ebenso vier Anfangsformen,
   z. B. **$^{tt,\,t,\,j,\,-}$uarpoq** tut ständig ...
   bei K-Stämmen mit **tt-**:
   sinip- + **uarpoq** — **sinit|tuarpoq** schläft ständig
   bei R-Stämmen mit **t-**:
   atuar- + **uarpoq** — **atuar|tuarpoq** liest ständig
   nach langem Vokal beginnt es mit **j-**:
   ilaa- + **uarpoq** — **ilaa|juarpoq** fährt immer mit
   nach kurzem Vokal wird nichts eingeschoben:
   ani- + **uarpoq** — **ani|uarpoq** geht ständig raus

Die Suffixe auf **-gaa**/**-raa** sind verkürzte Formen, die ursprünglichen Formen heißen **-givaa** bzw. **-rivaa**. Es sind V-Stämme, in denen **-iv-** in allen Formen durch **-a-** ersetzt wird, z. B. **mikigivara** ich halte es für klein: **mikigaara**.

Die Wörter auf **-t** fügen vor jedem Suffix außer **+suaq** „groß“ den Bindevokal **-i-**/**-a-** *(A!)* ein. Denken Sie bitte außerdem immer an *(A!)* bei den Suffixen, die mit **i-** oder **u-** beginnen.

Ergäbe sich bei der Angleichung die Silbe **-tti-** bzw. **-tte-**, wird sie immer **-tsi-** oder **-tse-** geschrieben:

unip- „stehenbleiben“ + **+tippaa** „lässt ihn“ ergäbe ***unittippaa**: **unitsippaa** stoppt ihn

Beachte Sie bitte: alle Regeln über Lautangleichungen, Abschneiden des letzten Mitlautes usw. gelten für jedes weitere Suffix, auch wenn am Wort schon andere Suffixe dranhängen. Ein abschneidendes Suffix entfernt auch den letzten Mitlaut eines vor ihm stehenden Suffixes! Und: ob ein Wort ein Hauptwort oder Verb ist und zu welcher Klasse bzw. Stamm es gehört, entscheidet immer das letzte Suffix.

Suffixe an Hauptwörtern

Suffixe werden immer an die Grundform Ez der Hauptwörter ohne Beugungsendungen gehängt, auch wenn das Hauptwort in der Mz steht.

Haben & Sein

-qar|poq „haben“ [**-qartoq** „einer, der ... hat“]

illo|qar|poq *(QR!)* hat ein Haus/Häuser

illo|qa|nngilaq hat kein Haus/ keine Häuser

In eckigen Klammern gebe ich für jedes Suffix die -toq-Form (= einer, der ... tut oder der diese Eigenschaft hat).

Ein zu Hauptworten mit Suffixen gehörende Eigenschaftsbezeichnung (meist eine **-toq**-Form) erhält immer **-mik** (Ez) oder **-nik** (Mz).

Daran kann erkannt werden, ob das Hauptwort in Ez oder Mz steht.

Kusanar|tu|nik illo|qar|poq.
schön_sein-NOM-INSTR(Mz) Haus-haben-ER
Er hat schöne Häuser.

-qarpoq bedeutet auch „es gibt, es existiert". In dieser Bedeutung steht es immer in der Ez.

Kalaallit Nuna|a|nni nano|qarpoq.
Grönländer-ABH(Mz) Land-ihr-in(LOK) Eisbär-es_gibt
In Grönland gibt es Eisbären.

An eine **-toq**-Form angefügt bedeutet es „es gibt einen, der" oder „es gibt etwas, das...". So wird deutsches „jemand, etwas" bzw. im negativen Fall „niemand, nichts" übersetzt.

Iser|to|qarpoq.
hereinkommen-NOM-es_gibt
Jemand ist hereingekommen.

Iser|to|qa|nngilaq.
hereinkommen-NOM-es_gibt-nicht
Niemand ist hereingekommen.

Bei „sein" ist Grönländisch genauer als das Deutsche. Dafür gibt es drei Suffixe und ein selbständiges Wort.

-juvoq „ist ein" [**-jusoq**] wird beschreibend verwendet.

Sikuluvoq. Nanulunngilalq.
Eis-ist. Eisbär-ist-nicht-ES
Das ist ein Eisstück. Es ist kein Eisbär.

Tassa „das ist (jemand/etwas bestimmtes)". Dieses selbständige Wort wird für etwas bereits Erwähntes verwendet oder wenn am Hauptwort eine Besitzsilbe hängt. Es wird für alle 3 Personen und Ez und Mz unverändert gebraucht, bedeutet also auch „das bin ich, das bist du, das sind wir usw...".

Es wird gesprochen wie [dessa].

Tassa ui|ga.
Das_ist Ehemann-mein
Das ist mein Mann.

Kunuk tassa ataata|ga.
Kunuk das_ist Vater-mein
Kunuk ist mein Vater.

-ippoq [**-ittoq**] „befindet sich", wird mit Ortsangaben wie z. B. **-mi** „in", **taama** und **ima** „so" verwendet.

Illu|mi|ip|poq.
Haus-in(LOK) s.befinden-ER
Er ist im Haus.

Taama|appoq.
so-es_ist(A!)
Es ist so.

In der täglichen Sprache wird häufig **-una** „das ist!" bzw. **-uku** „das sind" angehängt, um mit gewissem Nachdruck auf etwas hinzuweisen. Vor beiden verändert sich: Schluss-**t** zu **-n, -p-** zu **-m-** und **-k** zu **-ng.**

Nannun|uku.
(= nannut-uku)
Eisbär(Mz)-das_sind!
Das sind Eisbären!

Uanga|ana.
(= uanga-una)
ich-das_ist!
Ich bin's!

Baukasten II: Wichtige Suffixe

Suffixe an Verben

Es gibt vier wichtige Suffixe, die an den Verbstamm gehängt werden, um Zeitbegriffe genauer auszudrücken.

Zeitbegriffe

Entspricht etwa der deutschen Gegenwart.

-lerpoq [**-lertoq**] „beginnt, zu ...“, „tut gerade“.

-qar|lerpoq *wörtl.: beginnt zu haben*

tiki|lerpoq	**sini|lerpoq**	**-qar|lerpoq**
kommt gerade	schläft ein	erhält

Nebenbedeutung „etwas, was geschehen sollte, ist geschehen“. Der Sprecher weiß davon meist aus eigener Erfahrung.

-reerpoq [**-reertoq**] „ist fertig mit ...“, „hat bereits ...“.

nere|reerpoq *(QR!)*
hat bereits gegessen (wie ich gesehen habe)

+simavoq [**+simasoq**] bedeutet etwas Vergangenes, was der Sprecher nicht selbst erlebt hat, schon länger her ist oder dem etwas Unsicherheit anhaftet.

aallar|simavoq	**ilinniar|simasoq**
er ist vermutlich (schon länger) abgereist	der fertiggelernt hat, ein Ausgebildeter

+ˢtarpoq [**+ˢtartoq**] „pflegt zu ...“, „tut regelmäßig ...“.
Diese GEWÖHNLICH-Form muss zwingend verwendet werden, wenn etwas immer wieder stattfindet. Sie ist sozusagen zeitlos. Ein Verb

ohne **+tar/-sar-** bedeutet, dass die Handlung nur einmal stattfindet oder stattgefunden hat. **+tar/-sar-** kann nicht mit **-nngila-** verneint werden, sondern geht andere Wege.

Dazu etwas später.

kaffi|sorpoq	**kaffi|sor|tarpoq**
trank einen Kaffee	trinkt gewöhnl. Kaffee

neri|voq	**neri|sarpoq**
aß einmal ...	pflegt zu essen

Können, Dürfen, Müssen, Wollen

+sinnaavoq [+sinnaasoq] „kann, ist möglich, darf", auch für höfliche Fragen.

unnui|voq	**unnui|sinnaavoq**
übernachtet	kann (darf) übernachten

-^{s}tarlaqarpoq [**-^{s}tarlaqartoq**] „muss, braucht".

Kaffi|si|sariaqarpu|nga.	**Ikior|tariaqar|pit?**
Kaffee-kaufen-müssen-ICH	*helfen-brauchen-DU?*
Ich muss Kaffee kaufen.	Brauchst du Hilfe?

Mit **+langa** „kann (darf) ich mal...?" können höfliche Fragen gebildet werden.

Iser\|langa?
Kann ich mal hereinkommen?

Für „wollen" gibt es viele Suffixe, die sich darin unterscheiden, wie sehr man etwas will.

Baukasten II: Wichtige Suffixe

Ich gebe hier nur mal die wichtigsten. Die -toq-*Form kürze ich ab jetzt mit ihrem Kennlaut ab, z.B. [*s*] heißt:* -toq-*Form ist* -soq.

-kk, r, jumavoq [**s**] würde gerne (aber ...): **sinik|kuma|vunga** ich würde gerne schlafen
-rusuppoq [**tt**] möchte gerne: **tii|to|rusup|punga** ich möchte gerne Tee
-rusunneruvoq [**s**] möchte lieber: **paaja|to|rusunneru|vunga** ich möchte lieber Bier
+niarpoq [**t**] hat fest vor, ist auf ... aus: **agger|niar|poq** hat fest vor zu kommen

Intensivierung: -qaaq „sehr"

-qaaq „sehr, viel" [**-qisoq**].

Intensiviert jedes Verb und steht immer als letztes Suffix. Seine Beugung ist etwas unregelmäßig. Es kommt sehr häufig vor.

Eine Auflistung der wichtigen Suffixe bzw. nahezu aller, die im Buch vorkommen, finden Sie im Anhang. Ich habe nur einige wenige weggelassen, die man ohnehin kaum selbst produktiv anwenden kann.

ich	**qaso|qaanga**	bin sehr müde
du	**qaso|qaatit**	bist sehr müde
er/sie/es	**qaso|qaaq**	ist sehr müde
wir	**qaso|qaagut**	sind sehr müde
ihr	**qaso|qaasi**	seid sehr müde
sie	**qaso|qaat**	sind sehr müde

qaso|qaat?
bist du sehr müde?

qaso|qaa?
ist er sehr müde?

Stützsilbe pi-

Wenn kein Hauptwort nötig oder möglich ist, wird das Suffix an **pi-** „etwas" gehängt.

pi|voq	nimmt etwas; mit Ortsangabe: kommt nach ...
Nuum|mut pivoq	kommt nach Nuuk
pe|qqippoq *(QR!)*	nimmt noch etwas
pi|sivoq	kauft etwas, nimmt etwas

-voq *ist einfach die Grundendung der Verben*
-qqippoq *„tut etwas wieder"*

Pi|si|niar|poq.
etwas-kaufen-wollen-ER
Er geht einkaufen.

Pi|si|niar|fik.
etwas-kaufen-wollen-ORT
Laden.

Ich & Du, Dies & Das: Die Fürwörter

Grönländisch geht hier auch eigene Wege, weswegen ich die Fürwörter am besten getrennt nach Personen darstelle. Grundsätzlich werden diese Fürwörter nur dann verwendet, wenn auf etwas besonders hingewiesen werden soll.

Eine eigene Höflichkeitsform wie „Sie" gibt es nicht, die Anrede in der Du Form ist üblich.

Er, sie, es (Ez); sie (Mz)

Es wird kein Geschlecht unterschieden und die Wörter für „er, sie, es" sind gleichzeitig die für „dieser, diese, dieses", also hinweisende Fürwörter. Sie können also entweder mit einem Hauptwort stehen oder allein. Es wird genau nach der räumlichen Position unterschieden, wo sich jemand/etwas relativ zum Sprecher befindet.

Ich gebe ihnen nur drei wichtige davon an mit Ez und Mz Grundform und ABH Ez und Mz. Die anderen Fälle lasse ich weg.

Ich & Du, Dies & Das: Die Fürwörter

Grundform Ez		Mz	ABH Ez	ABH Mz
una	Person/Ding in Reichweite	**uku**	**uuma**	**ukua**
manna	Ding in Reichweite	**makku**	**matuma**	**makkua**
innga	er/sie, diese(r)dort	**ikku**	**issuma**	**ikkua**

Für Personen wird meist **una** „er, sie, es“, **uku** „sie Mz“ verwendet, für Dinge **manna** oder **una**. Bei beiden wird mitverstanden, dass sie in nächster Nähe sind. **Innga** wird für Dinge und Personen verwendet. Fürwörter werden Hauptwörtern nachgestellt:

angut una	der Mann [hier bei mir]	**una**	er/sie [hier bei mir]
illu manna	das Haus [hier vor mir]	**manna**	es [hier bei mir]
illu innga	das Haus [dort weiter weg]	**innga**	er, sie, es [dort]

Una tassa nakorsaq.
er_hier das_ist Arzt
Er hier ist Arzt .

Manna tassa illo|rput.
das_hier das_ist Haus-unser
Das hier ist unser Haus.

Ich, du, wir, ihr

Die Grundform für diese Wörter wird nur bei besonderem Nachdruck verwendet.

Zudem bedeutet sie auch betontes „mein!, dein!, unser!, euer!“.

uanga	ich!, meins!
illit	du!, deins!
uagut	wir!, unseres!
ilissi	ihr!, eueres!

Aluu, uanga|ana.
hallo ich-das_ist(A!)
Hallo, ich bin's!

Uanga tassa taski|ga!
meine! das_ist Tasche-meine
Das ist meine Tasche!

Mich, dich, uns, euch

Nun, es hilft nichts: diese Wörter werden leider ausschließlich durch Endungen ausgedrückt. Sie kombiniert die handelnde Person (ich, du ...) mit ihrem Ziel (mich, dich...).

Beispiel: tusar|paa
„er hört es"

	... mich	... uns
du hörst...	**tusar|parma**	**tusar|patsigut**
er/sie/es hört...	**tusar|paanga**	**tusar|paatigut**
ihr hört...	**tusar|passinga**	**tusar|patsigut**
sie hören...	**tusar|paannga**	**tusar|paatigut**
	... dich	... euch
ich höre...	**tusar|pakkit**	**tusar|passi**
er/sie/es hört ...	**tusar|paatit**	**tusar|paasi**
wir hören ...	**tusar|patsigit**	**tusar|passi**
sie hören ...	**tusar|paatsit**	**tusar|paasi**

Diese Formen gelten so für alle Verben und Verbsuffixe. **tusarpaa** ist R-Stamm. Bei V-Stämmen steht auch hier **-v-** bzw. bei K-Stämmen **-pp-**.

V-Stamm	**asa|vaa** er liebt sie	**asa|vakkit** ich liebe dich
V-Stamm	**taku|vaa** er sieht ihn	**taku|vassi** wir sehen euch
K-Stamm	**ornip|paa** sie nähert s. ihm	**ornip|paatigut** sie nähern s. uns

Diese Formen gehören auch zu den zielenden Verbformen, und der Handelnde steht im ABH.

Angut|ip taku|vaanga.
Mann-ABH sehen-ER_MICH
Der Mann hat mich gesehen.

In der 2. Person gibt es für „mich“ und „uns“ eigene Frageformen.

tusar|pinga?	hörst du mich?
tusar|pisinga?	hört ihr mich?
tusar|pisigut?	hörst du uns? und hört ihr uns?

Wer, Was, Wo: Fragewörter

Es gibt zwei Grundformen, von denen sich viele Frageformen ableiten lassen:

Einzahl	**kina?**	wer, welche Person?
	suna?	was, welcher, welche, welches?
Mehrzahl	**kikkut?**	wer, welche Personen?
	suut?	was, welche Dinge?

Kikkut ornip|patigut?
wer(ABH Mz) sich_nähern-SIE_UNS
Wer kommt da zu uns?
wenn man mehrere sieht

Suut pisiari|vigit?
was(Mz) kaufen-DU_ES?
Was für Sachen hast du gekauft?

Sie haben wahrscheinlich bemerkt, dass **kikkut** Abhängigkeitsfall Mz ist. Das bedeutet, auch **kina** und **suna** können in allen Fällen gebeugt werden:

Wer, Was, Wo: Fragewörter

	Ez	Mz	Ez	Mz	
kina	**kikkut**	wer?	**suna**	**suut**	was?
kia, kiap	**kikkut**	wer, wessen?	**suup**	**suut**	was?
kimi	**kikkunni**	bei/in wem?	**sumi**	**suni**	worin, wo
kikkut	**kikkutigut**	über wen?	**sukkut**	**sutigut**	worüber, wo
kinatut	**kikkutut**	als wer?	**sutut**	**sutut**	als was?

Für die anderen Fälle ersetzen sie **-mi** durch **-mit/-mut/-mik** bzw. **-ni** durch **-nit/-nut/-nik**: **sumit** „wovon, von wo heraus“, **sumut** „wohin“, **sumik** „womit“.

sutut *auch: In welcher Sprache?*

Naak?	Wo ist?	**Qassinut?**	Um wie viel Uhr?
Qanga?	Wann (Vergangenheit)?	**Qassit?**	Wie viel?
Qanoq?	Wie, auf welche Weise?	**Sooq?**	Warum?
Qaqugu?	Wann (zukünftig)?	**Sorleq, sorli|it?** (3)	Welcher?

Viele Fragen werden durch Suffixe an **kina** und **suna** gebildet. Achten Sie auf (*A!*) und dass **-t** vor **-uku** zu **-n** wird.

Kina|ana?
wer-das_ist(A!)
Wer ist das?

Kikkun|uku?
wer(Mz)-das_sind
Welche Personen sind das?

Suna|ana?
was-das_ist(A!)
Was ist das?

Suun|uku?
was(Mz)-das_sind
Was für Dinge sind das?

Su|to|rusup|pit?
was-essen/trinken-mögen-DU?
Was möchtest du essen/trinken?

Alle anderen Suffixe außer -una/-uku *schneiden* -na *ab.*

Hier & Da: Ortsangaben

Grönländisch hat sich an Bewegungen in weitem Gelände bestens angepasst und viele genaue Bezeichnungen für räumliche Verhältnisse entwickelt. Sie sind nach einem regelmäßigen Baukastensystem aufgebaut, so dass Sie sich nach dem folgenden Überblick viele Formen selbst herleiten können und wichtiger noch, verstehen können.

Hier, dort, drinnen, draußen

Den Ortsangaben wie „hier, dort" usw. liegen dieselben Grundwörter zugrunde wie bei den hinweisenden Fürwörtern. Die Vorsilbe **ta-** wird gesetzt, wenn von dem Ort schon mal die Rede war.

Bei uani *und* tassani *wird sie nicht angefügt.*

maani (tamaani)	hier (bei mir)
uani	hier (bei mir)
tassani	dort (bei dir)
ikani (taakani) (A!)	dort drüben
qamani (taqqamani)	drinnen/draußen
pavani (tappavani)	weit oben; an Land; in Dänemark
samani (tasamani)	weit unten; am Strand, auf dem Meer

Qamani *bedeutet auf ein Gebäude bezogen jeweils das Gegenteil von dem, wo man selbst ist: drinnen, wenn man draußen ist und umgekehrt.*

Nakorsaq ta|qqamani|ip|poq.
Arzt ERWÄHNT-drinnen-s.befinden-ER
Der Arzt ist hier drinnen.

-unga Bewegung hin	**-annga** Bewegung weg	**-uuna** Bewegung vorbei
ma|anga *(A!)* zu mir her	**ma|annga** von mir weg	**ma|ana** *(A!)* an mir vorbei
u|unga hierher	**u|annga** von hier weg	**ugg|uuna** hier vorbei
tass|unga zu dir hin	**tass|annga** von dir weg	**tass|uuna** an dir vorbei
ik|unga dorthin	**ik|annga** von dort weg	**ik|uuna** dort vorbei

Über, unter, neben, vor, hinter

Für diese Ortsbezeichnungen folgen dem Hauptwort im ABH Ausdrücke, die auf **ani** „in seinem ...“ enden. **-ani** ist Besitzanzeiger + **ni** „in“ (LOK).

Diese Wörter können Sie anstelle von -ani *mit anderen Endungen versehen, um jeweils eine Bewegung dort hin, von dort weg oder vorbei zu bezeichnen.*

iluani	im Innern	**qaani**	auf
saniani	neben	**saavani**	vor
qulaani	über	**tunuani**	hinter
ataani	unter	**eqqaani**	nahe

illup iluani
im Haus

illup tunuani
hinter dem Haus

-ani *(3. Pers. Ez.) kann auch in andere Personen gesetzt werden*

-nni	mir, dir	**-mini**	ihm, ihr		
-tsinni	uns	**-ssinni**	euch	**-minni**	ihnen

sani|nni
neben mir/dir

sani|mini
neben ihm/ihr

quli|tsinni
über uns

tunu|ssinni
hinter euch

Außerdem können Sie **-(n)ni** (LOK) ersetzen durch **-(n)nut** „hin zu" (ALL) oder **-(n)nit** „weg von" (ABL):

wörtl. „des Hauses in seine Innenseite hinein"

illup ilua|nut	ins Innere des Hauses
tunu|ssi|nnit	hinter euch hervor
sani|nnut	neben dich hin

Nord, Süd, Ost, West

Deswegen heißt Ostgrönland Tunu *„Rückseite".*

Das grönländische Koordinatensystem geht aus von einer Position an der westgrönländischen Küste mit Blick zum Meer.

Tunu	Ostgrönland
Avannaa	Nordgrönland
Kujataa	Südgrönland
Kitaa	Westgrönland

Für „Osten" im Gelände wird allerdings kangi- *verwendet.*

kangi-	Ost	**kangi|mut**	nach Osten
avanna-	Nord	**avanna|mut**	nach Norden
kujat(i)-	Süd	**kujam|mut**	nach Süden
kit(i)-	West	**kim|mut**	nach Westen

Ausdrücke wie „westlich von Nuuk", „östlich von uns" usw. bilden Sie nach dem selben Muster wie „über, unter" usw. Wörtlich bedeutet es „Nuuks in seinem Westen, Osten" usw ...

Nuup kangiaani	östlich von Nuuk
kangi|tsinni	östlich von uns
Nuup avannaani	nördlich von Nuuk
avanna|tsinni	nördlich von uns
Nuup kujataani	südlich von Nuuk
kujati|tsinni	südlich von uns
Nuup kitaani	westlich von Nuuk
kiti|tsinni	westlich von uns

Auffordern & Befehlen

Grönländisch drückt Aufforderungen nicht so sehr mit Höflichkeitsformeln wie „würde gerne, möchte vielleicht“ aus, sondern eher knapp und präzise. Höflichkeit wird durch zurückhaltendes Auftreten, freundliches Gesicht und leise Stimme signalisiert. Tatsächlich wird ein Ausdrücken in wenigen Worten als angenehm und geradezu höflich empfunden. Das gipfelt darin, dass ein Hauptwort mit **-mik** als genügend höfliche Aufforderung verstanden wird, jemandem doch bitte etwas zu geben.

Kaffi|mik.
Kaffee-INSTR
Einen Kaffee bitte.

Befehlsformen

Das Inventar an Befehlsformen ist zwar umfangreich, wir können uns aber auf zwei davon beschränken (**-it** „du!“, **-itsi** „ihr!“). Da die reinen Befehlsformen ziemlich rüde wirken, werden sie sehr oft zu einer höflichen Aufforderung mit **+laar-** „ein wenig“, **-lluar-** „gut“ oder (je nach Situation positiv oder negativ) nachdrücklich **+niar-** „fest vorhaben“ abgemildert.

Auffordern & Befehlen

2. Pers. Ez	2. Pers. Mz
+laarit! ... du bitte!	**+laaritsi!** ... ihr bitte!
-lluarit! ... du (gut)!	**-lluaritsi!** ... ihr (gut)!
+niarit! ... du!	**+niaritsi!** ... ihr!

<table>
<tr><td>Oqalu|laarit!</td><td>Sprich bitte!</td></tr>
<tr><td>Oqalu|laaritsi!</td><td>Sprecht bitte!</td></tr>
<tr><td>Qaa|laarit!</td><td>Komm mal!</td></tr>
<tr><td>Qaa|laaritsi!</td><td>Kommt mal!</td></tr>
<tr><td>Sini|lluarit!</td><td>Schlaf gut!</td></tr>
<tr><td>Sini|lluaritsi!</td><td>Schlaft gut!</td></tr>
</table>

Im Zweifelsfall sollten Sie lieber die mildere **+laar**-Form gebrauchen. **+niar-** wird gerne bei Einladungen verwendet.

An zielenden Endungen mute ich Ihnen nur die zu, die sich an eine Person richten.

Kaffi|sor|niar|itsi!
Kaffee-trinken-fest_vorhaben-IHR!
Kommt auf einen Kaffee!

<table>
<tr><td>+laannga! ... mich!/... mir!</td><td>Ikiu|laannga! Hilf mir!</td></tr>
<tr><td>+laartigut! ... uns!</td><td>Ikiu|laartigut! Hilf uns!</td></tr>
<tr><td>+laaruk! ... ihn/sie/es!/... ihm/ihr!</td><td>Qaa|laaruk! Bring es!</td></tr>
<tr><td>+laakkit! sie (Mz)!/ ... ihnen!</td><td>Qaa|laakkit! Bring sie!</td></tr>
<tr><td>+lara lass es mich mal ...</td><td>Pi|lara. Gib mir es doch mal.</td></tr>
<tr><td>+lakka lass sie mich mal ...</td><td>Pi|lakka. Gib sie mir doch mal.</td></tr>
</table>

Für eine verneinte Aufforderung gebrauchen Sie die Endungen:

+nak!	du nicht!
+nasi!	ihr nicht!

Sinin|nak!
Schlaf nicht!

Sinin|nasi!
Schlaft nicht!

+nanga! ... mir/mich nicht!	**Aperi|nanga!** Frag mich nicht!
+natigut! ... uns nicht!	**Aperi|natigut!** Frag uns nicht!
+nagu! ...ihn/sie/es nicht!	**Neri|nagu!** Iss es nicht!
+nagit! ... ihnen/sie nicht!	**Ornin|nagit!** Nähere dich ihnen nicht!

Gleichzeitigkeit: Die -lu-Form

Grundsätzlich steht in einem grönländischen Satz nur ein Verb mit einer zielenden oder nichtzielenden Endung. Braucht man zwei (oder mehr), stehen alle zusätzlichen Verben in der Gleichzeitigkeitsform: an den Stamm wird die Silbe **-llu-** gesetzt, nach **-r** nur **-lu-**.

V-Stämme	**qasu|llu-**	müde seiend
K-Stämme	**sini|llu-**	schlafend
R-Stämme	**atuar|lu-**	lesend

Dieses -lu *darf nicht mit dem angleichenden* +lu *„und“ verwechselt werden.*

Gleichzeitigkeit: Die -lu-Form

An nichtzielenden Verben geben Personalendungen an, *wer* es tut.

1. Pers.	**sini|llu-nga**	ich schlafend
	sini|llu-ta	wir schlafend
2. Pers.	**sini|llu-tit**	du schlafend
	sini|llu-si	ihr schlafend
3. Pers.	**sini|llu-ni**	er/sie/es schlafend
	sini|llu-tik	sie schlafend

Diese Form bedeutet, dass jemand etwas zur gleichen Zeit tut oder eine Eigenschaft hat. Im Deutschen entspricht ihr die Form auf -end, oder „wobei": „schlafend; wobei ich schlafe".

Qasu|llu|nga sinin|niar|punga.
müde_sein-GLEICHZ-ICH schlafen-wollen-ICH
Müde seiend will ich schlafen.

Kama|llu|ni ani|voq.
zornig_sein-GLEICHZ-ER hinausgehen-ER
Zornig (seiend) ging er hinaus.

Bei zielenden Verben zeigt die **-lu-**Form an, wen die Handlung *betrifft*, nicht wer sie ausführt.

1. Pers.	**taku|llu-nga**	mich sehend
	taku|llu-ta	uns sehend
2. Pers.	**taku|llu-tit**	dich sehend
	taku|llu-si	euch sehend
3. Pers.	**taku|llu-gu**	ihn/sie/es sehend
	taku|llu-git	sie sehend

Ani|voq taku|llu|nga.
hinausgehen-ER sehen-GLEICHZ-MICH
Mich sehend ging er hinaus.

Ani|vutit taku|llu|nga.
hinausgehen-DU sehen-GLEICHZ-MICH
Mich sehend gingst du hinaus.

Zum Verneinen setzt man statt **-llu-/-lu-** bei V- und R-Stämmen **-na-,** bei den K-Stämmen **-nna-.**

Die Gleichzeitigkeitsform wird besonders in Aufschriften als Aufforderungsform verwendet, z. B. matu matullugu! *„Bitte Tür schließen!“*

V-Stämme	**qasu|na-**	ohne müde zu sein
K-Stämme	**sinin|na-**	ohne zu schlafen
R-Stämme	**atuar|na-**	ohne zu lesen

Dies gilt für zielende und nichtzielende Formen. Daran kommen dieselben Endungen, außer in der 2. Person Ez. Die will ein **-k** haben:

Atuar|nak.
Ohne dass du liest.

Qasu|vunga sinin|niar|na|nga.
müde_sein-ICH schlafen-wollen-OHNE_GLEICHZ-ICH
Ich bin müde, ohne schlafen zu wollen.

Ani|pput taku|na|ta.
hinausgehen-SIE sehen-OHNE_GLEICHZ-UNS
Sie gingen hinaus, ohne uns zu sehen.

Die Satzstellung

Die normale Satzstellung ist Subjekt (Täter), Objekt (Satzergänzung), Verb (Satzkern). Die Stellung der **-lu** (oder **-na**)-Form ist ziemlich frei, sie kann auch nach dem Satzkern kommen. Beispiele hierzu finden Sie im ganzen Buch.

Bindewörter

Andere deutsche Bindewörter wie z. B. „obwohl“ erfordern kompliziertere Konstruktionen. Ich lasse sie daher weg.

Bindewörter verbinden Sätze oder Satzteile. Ich gebe Ihnen nur die drei wichtigsten an, die es als Einzelwort und Suffix gibt. Die Bedeutungsunterschiede zwischen Suffix und Einzelwort können Sie in unserem Rahmen vernachlässigen.

Einzelwort	Suffix	Bedeutung
aamma	**+lu**	und, auch
kisianni	**+li**	aber
imaluunniit	**-luunniit**	oder

Kaffi|mik aamma imer|mik, kisianni tii|to|rusun|ngila|nga.
Kaffee-INSTR und Wasser-INSTR aber Tee-trinken-wollen-nicht-ICH
Kaffee und Wasser, aber ich möchte keinen Tee.

In diesem Satz könnten Sie ohne Bedeutungsunterschied statt **aamma** auch **+lu** „und“ setzen, das stets an das letzte Wort kommt: **Kaffimik imermillu**.

Der Hauptwortmacher +neq

Häufig treten zu Hauptwörtern (HW) gemachte Verben auf (das Kommen, das Schlafen). Das macht die Endung **+neq** (Klasse 3), die nicht mit der gleichlautenden Endung der Steigerungsform verwechselt werden darf.

V-Stämme	**neri|neq**	das Essen
K-Stämme	**sini|nneq**	das Schlafen, Schlaf
R-Stämme	**atuar|neq**	das Lesen, Lektüre

Hier kommt die versprochene Verneinung der **-tar**-Form (die GEWÖHNLICH-Form): **+neq** wird mit **ajorpoq** „ist negativ" verwendet, wenn eine Handlung *regelmäßig nicht* stattfindet. Hierbei wird alles ab **-tar-** durch **+neq** ersetzt, und die jeweilige Person wird durch eine Form von **ajorpoq** ausgedrückt.

Kaffi|sor|tar|punga.
Kaffee-trinken-GEWÖHNL-ICH
Ich trinke immer Kaffee.

Kaffi|sor|neq ajor|punga.
Kaffee-trinken-HW negativ_sein-ICH
Ich trinke gewöhnlich keinen Kaffee.

+neq + **saperpoq**	vermag nicht ...
+neq + **artorpaa**	hat keine Chance zu ...
+neq + **naluvoq**	hat nicht gelernt zu ...

In derselben Weise drückt man „nicht können" aus.

Vor- & Nachzeitigkeit

Diese streifen wir nur und lassen ihre üppigen zielenden Formen ganz weg.

Wenn es eine Form der Gleichzeitigkeit zweier Verben gibt, kann man auch Formen dafür erwarten, wenn eine Handlung <u>vor</u> oder <u>nach</u> einer anderen stattfindet.

als, da, weil

Vorzeitigkeit: die -ra-/-ma-Form

Lassen Sie uns zuerst die Formen ansehen, danach folgt eine Erläuterung zur Anwendung der 3. und 4. Person.

Diese Form bezeichnet zuvor eingetretene Handlungen oder Zustände, die Ursache für etwas anderes sind und entspricht „als, weil". Sie hat je nach Stamm und Person verschiedene Endungen. Bei dieser und der nächsten Form kommt wieder die 4. Person vor, die in dem Zusammenhang mit „er, sie, es selbst" übersetzt wird, die 3. Person bedeutet „ein(e) andere(r)".

1., 2., 4. Person Ez/Mz		3. Person Ez/Mz
V-Stämme	**qasu|ga-**	**qasu|mma-**
K-Stämme	**sini|kka-**	**sini|mma-**
R-Stämme	**atua|ra-**	**atuar|ma-**
Verneinung	**-nnginna-**	**-nngimma-**

Daran kommen bei <u>nicht</u>zielenden Verben noch folgende Personalendungen:

1. Pers.	**qas<u>u</u>|ga-ma**	da ich müde bin
	qasu|<u>ga</u>-tta	da wir müde sind
2. Pers.	**qas<u>u</u>|ga-vit**	da du müde bist
	qasu|<u>ga</u>-ssi	da ihr müde seid

3. Pers.	**qasu̲|mma-t**	da ein anderer müde ist
	qasu̲|mma-ta	da andere müde sind
4. Pers.	**qasu̲|ga-mi**	da er selbst müde ist
	qasu̲|ga-mik	da sie selbst müde sind

Diese Formen können je nach Zusammenhang übersetzt werden mit „da/weil ich müde bin" oder „als ich müde war".

Qasu̲|ga|ma inna̲r|punga.
müde_sein-DA-ICH ins_Bett_gehen-ICH
Da ich müde bin, gehe ich schlafen.

Qasu̲|ga|vit inna|ssa̲a̲|tit.
müde_sein-DA-DU ins_Bett_gehen-ZUK-DU
Da du müde bist, sollst du schlafen gehen.

In der Umgangssprache ist diese Form besonders in Fragen sehr häufig. Sie drückt Gefühlsbetontheit (Interesse, Verwunderung) aus. Sie kann mit „denn" oder mit der Vergangenheit wiedergegeben werden. Der fehlende Hauptsatz wird unausgesprochen mitverstanden.

A̲nne|ra|vit?
schmerzen_haben-DENN?-DU
Tut dir denn was weh?
[Du schaust so]

Tiki|kka|ssi?
gekommen_sein-DENN?-IHR
Seid ihr denn schon da?
[ich treffe euch unvermutet an]

wenn

Nachzeitigkeit: -ru-/-pa-Form

Diese Form drückt aus, dass mit einer gewissen Unsicherheit in der Zukunft etwas passiert, und entspricht deutschem „wenn". Sie lässt sich einfach aus der vorherigen Form bilden, indem Sie: in der 1., 2. und 4. Person **-a-** durch **-u-** ersetzen, in der 3. Person statt **-mma-** ein **-ppa-** anfügen, nach **-r-** nur **-pa-** einfügen.

<table>
<tr><th colspan="2">1., 2., 4. Person Ez/Mz</th><th>3. Person Ez/Mz</th></tr>
<tr><td>V-Stämme</td><td>qasu|gu-</td><td>qasu|ppa-</td></tr>
<tr><td>K-Stämme</td><td>sini|kku-</td><td>sini|ppa-</td></tr>
<tr><td>R-Stämme</td><td>atua|ru-</td><td>atuar|pa-</td></tr>
<tr><td>Verneinung</td><td>-nngikku-</td><td>-nngippa-</td></tr>
</table>

Die Personalendungen sind gleich, außer in der 4. Person:

qasu|gu-ni	wenn er selbst müde ist
qasu|gu-nik	wenn sie selbst müde sind

Sila aju|nngippa|t aalla|ssaa|gut.
Wetter schlecht_sein-WENN_NICHT-ES abreisen-ZUK-WIR
Wenn das Wetter gut ist, reisen wir weiter.

Die 3. & 4. Person

Die 4. Person zeigt an, dass zwei Handlungen von ein und derselben Person begangen wurden. Diesen Unterschied muss man beachten. Die 4. Person kann nur dann in der **ra-** bzw. **ru**-Form auftauchen, wenn das Verb im Satzkern in der 3. Person steht (z. B. **sianerpaanga** „er rief mich an"). Wenn der Anrufer derselbe ist, der z. B. vorher heimkam (**iserpoq** „er kam heim"), muss der Heimkommende in der 4. Person stehen.

Ise|ra|mi sianer|paanga.
hineingehen-ALS-ER(4.) anrufen-ER_MICH
Als er selbst heimkam, rief er mich an.

Ist aber der Heimkommende ein anderer als der Anrufer, dann steht der Heimkommende in der 3. Person:

Iser|ma|t sianer|paanga.
hineingehen-ALS-ER(3.) anrufen-ER_MICH
Als er (Piitaq) heimkam, rief er (Kunuk) mich an.

Zahlen & Zählen

Für die dänischen Zahlen verweise ich auf den entsprechenden Kauderwelschband bzw. die Seitenzahlen dieses Bandes. Da einige dänische Zahlen in Grönland etwas anders ausgesprochen werden, ist die Aussprache in [ ] beigefügt.

Grundlage des Zahlensystems und der Zahlwörter sind Finger und Zehen einer Person bis 20, dann geht es beim nächsten weiter. Das ergibt recht unhandliche höhere Zahlen, weswegen ab 13 fast nur die dänischen Zahlen verwendet werden.

Grundzahlen

	Grundform	Ablativ
1	**ataaseq**	**ataatsimut**
2	**marluk**	**marlunnut**
3	**pingasut**	**pingasunut**
4	**sisamat**	**sisamanut**
5	**tallimat**	**tallimanut**
6	**arfineq**	**arfinernut**
7	**arfineq-marluk**	**arfineq-marlunnut**
8	**arfineq-pingasut**	**arfineq-pingasunut**
9	**qulingiluat**	**qulingiluanut**
10	**qulit**	**qulinut**
11	**aqqaneq**	**aqqanernut**
12	**aqqaneq-marluk**	**aqqaneq-marlunnnut**

Der ABH von ataaseq *1 lautet* ataatsip, *bei allen anderen ist er gleich der Grundform.*

Nordgrönländisch:
9 **qulaaluat**, 11 **isikkaneq**, 12 **isikkaneq-marluk**
Südgrönländisch:
9 **arfineq-sisamat**

Mit Hauptwort heißt 6 **arfinillit** und 11 **aqqanillit**. Beim Zählen oder der Uhrzeit werden die obigen Formen verwendet. Zahlwörter stehen immer nach dem Hauptwort.

Arnat arfinillit aamma angutit aqqanillit.
Sechs Frauen und elf Männer.

Ordnungszahlen

1.	**siulleq** (ABH **siullerup**, Mz. **siulliat**, Instr. **siullermik**)
2.	**aappaat** (ABH, Mz. **aappaat**, Instr. **aappaanik**)
3.	**pingajuat**
4.	**sisamaat**
5.	**tallimaat**
6.	**arferngat**
7.	**arfineq-aappaat**
8.	**arfineq-pingajuat**
9.	**qulingiluaat**, SG: **arfineq-sisamaat**
10.	**qulingat**
11.	**aqqarngat**
12.	**aqqaneq-aappaat**

Ab 2. steht das zugehörige Wort im Abhängigkeitsfall Mz.

Illut pingajuat.
Das dritte Haus. („der Häuser ihr drittes").

13	**tretteniat** [drättäniat]
14.	**fjorteniat** [fjoadniat]
20.	**tyviat** [tüviat]
21.	**enogtyviat** [enotüviat]

Ab 13. werden die Ordnungszahlen aus der dänischen Grundzahl gebildet, an die -iat *gehängt wird.*

Zeit & Datum

Die Wochentage außer Sonntag sind aus den Zahlen durch **-nngorneq** (3) „das Gewordene“ hergeleitet. **Sapaat** (1) bekommt vor jedem Suffix den Bindevokal (BV) **-i-**.

Wochentage

Haben Sie's bemerkt? Die ersten fünf Wochentage sind alphabetisch angeordnet, und sapaat *ist der biblische Sabbat ...*

ataasinngorneq	Montag
marlunngorneq	Dienstag
pingasunngorneq	Mittwoch
sisamanngorneq	Donnerstag
tallimanngorneq	Freitag
arfininngorneq	Samstag
sapaat 1	Sonntag

Ataasi|nngor|ner|uvoq.
eins-werden-HW-ist
Es ist Montag.

Der Sonntag ist leicht unregelmäßig: sapaatiuvoq *„es ist Sonntag“,* sapaatiuppat *„am nächsten Sonntag“,* sapaatiummat *„am letzten Sonntag“*

Für „letzten“ wird **-mat** „als es“ verwendet, bzw. für „nächsten“ **-pat** „wenn es“.

Ataasi|nngor|ma|t.
eins-werden-ALS-ES
Am letzten Montag.

Ataasi|nngor|pa|t.
eins-werden-WENN-ES
Am nächsten Montag.

Uhrzeit

Die volle Stunde kann mit der bloßen Zahl oder mit **-nngorpoq** „ist geworden“ ausgedrückt werden.

Pingasut.	**Pingasunngorpoq.**
Es ist drei Uhr.	Es ist drei Uhr (geworden).

Ataatsinut.	**Marlunut.**
Um ein Uhr.	Um zwei Uhr.

„Um" wird immer mit -nut *(ALL) ausgedrückt.*

Ulloqeqqar|poq.	Es ist Mittag.
Ulloqeqqa|nut.	Mittags, am Mittag.
Unnuaqeqqar|poq.	Es ist Mitternacht.
Unnuaqeqqa|nut.	Mitternachts, um Mitternacht.

Ulloqeqqata qeqqa.	11.30
Ataatsip qeqqa.	12.30
Marluk qeqqa.	13.30
Unnuaqeqqata qeqqa.	23.30

„Halb" wird mit ABH + qeqqa *„seine Mitte" gebildet.*

„Es ist halb..." wird mit **-nut** und **qiteqquppoq** „geht an der Mitte vorbei" gebildet.

Ataatsi|nut qiteqqup|poq.
eins-zu(ALL) an_Mitte_vorbei-ES
Es ist halb eins.

Ullo|qeqq|a|nut qiteqqup|poq.
Tag-Mitte-seine-zu(ALL) an_Mitte_vorbei-ES
Es ist 11.30.

Schließlich die Fünf-Minuten-Schritte. Hierzu versieht man die nächste Stunde mit **-nut,** dann folgt **tanneq** „die längere (Hand)", also der große Zeiger, dann die Zahl, auf die er zeigt.

Pingasu|nut tanneq qulingiluat.
drei-zu(ALL) länger neun 14.45

Ullo|qeqq|a|nut tanneq tallimat.
Tag-Mitte-seine-zu(ALL) länger fünf 11.25

Für das grönländische Zeitempfinden ist dies genau genug. Angaben wie 11.28 werden in Dänisch gemacht.

Nalunaaqutaq arfiner|nut tanneq arfineq-pingasut angallat tiki|ssaa|q.
Uhr sechs-zu(ALL) länger acht Schiff ankommen-ZUK-ES
Das Schiff kommt um 17.40 Uhr an.

Hat ein Zeitraum bereits begonnen, bedeutet **manna** „diesen“.

Aasaq manna. Diesen Sommer.
Ullaaq manna. Diesen Morgen.

Kommt der jeweilige Zeitraum erst noch, wird an die Zeitangabe **-gu** gehängt (anstelle von **-q** kommt **-ru**).

Unnu|gu. Kommenden Abend.
Uale|ru. Kommenden Nachmittag.

Bei regelmäßigen oder ungenauen Zeitangaben wird **-kkut** verwendet. Die Verben brauchen dann unbedingt die GEWÖHNLICH-Form mit **-tar-**.

Ukiukkut. Winters. Jeden Winter.
Unnukkut. Abends. Jeden Abend.

Sonstige Zeitbegriffe

matuma siornatigut vor	**ukiut qulit matuma siornatigut** vor zehn Jahren
kingornatigut nach	**ukiut qulit kingornatigut** nach zehn Jahren
ABH + **tungaanut** bis	**sapaatip tungaanut** bis Sonntag
ABH + **kingorna** seit	**ataasinngornerup kingorna** seit Montag
tamaasa jeden	**ullut tamaasa** jeden Tag

januaari	**juuli**
februaari	**aggusti**
marsi, martsi	**septembari**
apriili	**oktobari**
maaji	**novembari**
juuni	**desembari**

Die Monatsbezeichnungen stammen aus dem Dänischen.

Um ein Datum anzugeben, wird von der Ordnungszahl das **-t** durch **-nni** „am" ersetzt, und der Monat steht im ABH. Der Monatserste heißt immer **aallaqqaataat**.

Mars|ip sisamaa|nni.
März-ABH vierter-seiner-an(LOK)
Am 4. März.

Juuli|p tretteni|a|nni.
Juli-ABH 13.-seiner-an(LOK)
Am 13. Juli.

Juuni|p aallaqqaata|a|nni.
Juni-ABH Monatserster-seiner-an(LOK)
Am 1. Juni.

±niit *ist eine oft gebrauchte Langform von* ±nit

Für „vom ... bis zum..." nimmt man statt **-nni** jeweils **-nniit** (vom) und **-nnut** (zu, bis).

Tallima|a|nniit tyvi|a|nnut.
5.-seiner-von(ABL) 20.-seiner-bis(ALL)
Vom 5. bis zum 20.

Ullumi qassi|at?
heute wie_viel-seiner
Den wievielten haben wir heute?

Qassi|a|nni?
wie_viel-seiner-an(LOK)
Am wievielten?

Qassi|nngor|ner|uva?
wie_viel-werden-HW-ist?
Welcher Wochentag ist heute?

Baukasten III: Die Reihenfolge von Suffixen

Als Anhaltspunkt können Sie die Sätze im Konversationsteil nehmen, da dort die für die ersten Gespräche wichtigen Suffixkombinationen vorkommen.

Grönländisch hängt besonders in der geschriebenen Sprache schon mal mehr als 5, 6 Suffixe an, in der gesprochenen nicht immer so viele. Am Anfang oder für einfache Gespräche und Fragen reichen meist ein oder zwei aus, wie z. B. bei **kuuk qimmer|suar|lu** „ein Fluss und ein großer Hund". Aber in welcher Reihenfolge?

Baukasten III: Die Reihenfolge von Suffixen

Zum einen können die meisten Suffixe entweder nur an ein Hauptwort oder Verb angefügt werden. Außerdem gilt grundsätzlich, dass das jeweils letzte Suffix das Ganze vor ihm stehende genauer eingrenzt oder erläutert. Sehen wir uns z. B. **illo|rsuar|si|niarpoq** „er hat fest vor, ein großes Haus zu kaufen“ an:

Grönländisch ist für das Baukastensystem gut geeignet.

illo-	Haus *(QR!)*	ist HW
-rsuar-	groß	nur an HW und bildet HW
-si-	kaufen	nur an HW und bildet Verb
-niarpoq	hat fest vor, zu ...	nur an Verb und bildet Verb

Grundidee ist das Haus, **illu**. Es soll groß sein: **illo|rsuaq** „großes Haus“ Damit ist noch nicht gesagt, was damit passieren soll. Es kann erworben werden, abbrennen, fotografiert werden usw. Das wird jetzt genauer festgelegt: **illorsuar|si-** „großes Haus kaufen“. Was soll nun damit sein? Das könnte jetzt noch genauer spezifiziert werden zu „er kann ein großes Haus kaufen“, „er plant, ein großes Haus zu kaufen“, „er hat ein großes Haus gekauft“ oder eben „er hat es fest vor“ = **-niarpoq**. So kommen wir zu **illorsuarsi|niarpoq**.

So können Sie in einem passenden Satz z. B. einzelne Hauptwörter durch ein anderes ersetzen und haben gleich das passende Suffixpaar wie z. B. -si|sinnaavunga *„kann ich ... kaufen?“ dazu.*

Die Suffixe in anderer Reihenfolge anzufügen ginge fast gar nicht, beispielsweise **-rsuar-** und **-si-** zu vertauschen ist unmöglich, da **-si-** ein Verb bildet, an das **-rsuar-** gar nicht darf. **-si-** und **-niar-** zu vertauschen, ergäbe Unsinn: ***illorsua|niar|sivoq** würde verstanden werden als „er kauft eine Absicht auf ein großes Haus“, da sich dann „kaufen“ (**-si-**) auf das „vorhaben“ (**-niar-**) bezieht.

SAME
SAME

Kurz-Knigge

Zentrale Größe im grönländischen Selbstverständnis ist **ittoorneq,** oft falsch als Verschämtsein übersetzt, das aber Bescheidenheit bedeutet. Sich selbst geradezu herunterzusetzen, z. B. seine Ware auf dem Markt mit **-kasik** „schlecht" zu bezeichnen, ist immer noch ein deutlicher Zug im grönländischen Wesen. Ist **ittoorneq** noch stärker ausgeprägt, wird der Grönländer auf die Frage nach seinem Namen nur eine Art Spitznamen nennen, nicht aber seinen richtigen. Sie müssen das aber für sich nicht tun. Anklopfen an die Haustüre kann (muss nicht unbedingt) als aufdringlich empfunden werden – wenn man wegen der davor nicht immer angebundenen Hunde überhaupt bis zur Tür vordringt. Besser bleibt man in etwas Abstand davor stehen und ruft z. B. **qakkorsii,** etwa „Ihr da drinnen!".

Die intensive Durchdringung mit dänischen Sitten hat dieses alte Wertegefüge stark verändert, was ein Teil der nicht wegzudiskutierenden Problematik grönländischen Lebens ist. Deshalb können Sie, je städtischer die Umgebung ist und je jünger ihr Gegenüber, durchaus völlig normal europäische Umgangsformen pflegen – umso mehr bei der nicht selten gemischt grönländisch-dänischen Herkunft. Bei älteren und abgelegener wohnenden Grönländern dagegen kann **ittoorneq** noch stark ausgeprägt sein.

Unterhaltungen mit Grönländern

Beim ersten Kontakt trifft man bei Grönländern meist auf eine Mischung aus Freundlichkeit und Zurückhaltung. Letztere ist Ausdruck der Höflichkeit, so dass knappe Worte und undeutliche Antworten mit eher leiser Stimme nicht als Unwilligkeit missverstanden werden dürfen. Aber auch unter ihnen gibt es temperamentvollere Naturen, die bei Ihren ersten Grönländisch-Versuchen ihre freudige Überraschung kaum verbergen können, da die Grönländer sich der Schwierigkeiten ihrer Sprache bewusst sind. Wenn Sie dann als Reisender Ihr Interesse an der Inuitkultur durch noch so geringe Sprachkenntnisse bekunden, stehen Ihnen sicherlich mehr Türen offen als manchem im Land Ansässigen, der kein Wort der offiziellen Landessprache kann. Grönländer sind es kaum gewohnt, mit **qallunaat,** den Dänen, Grönländisch zu sprechen.

Es ist ein reizvolles Reiseerlebnis ganz eigener Art, dieser so eigenartig-schönen Sprache in ihrer heimischen Umgebung nachzuspüren und plötzlich die eine oder andere Aufschrift nachvollziehen zu können.

Deshalb mag es vorkommen, dass das erste Gespräch nicht gleich klappt – wenn man nicht einen kleinen Trick kennt: Was Sie Grönländisch sagen, wird oft erst als Dänisch aufgefasst. Das scheitert natürlich und ruft die meist dänische Antwort hervor: **Ha, hvad siger du?** = Was sagst du? Umgehen Sie das, indem Sie als erstes langsam und deutlich **imaatt ...** = etwa „sooo..." sagen. Auch die Grönländer selbst machen das gerne am Anfang eines Gespräches. Dadurch schalten Sie das Ohr Ihres Gegenübers auf grönländischen Empfang, und dann geht es besser.

Besonders im Norden und Osten weicht die Alltagssprache so vom Standardgrönländischen ab, dass man fast von einer eigenen Sprache sprechen kann. Südgrönland weist eine große Anzahl eigener Begriffe auf. Überall aber wird die Sprache in diesem Buch verstanden.

Ja & Nein

Es gibt ein förmliches Ja-nein-Paar und ein umgangssprachliches. Sie können beide benutzen, wie Sie wollen.

Die Form in Klammern ist die förmliche.

Suu (Aap).	**Naamik (Naagga).**
BESTÄTIGUNG	*GEGENTEIL_TRIFFT_ZU*
Ja.	Nein.

Bei bejahten Fragen funktionieren alle vier so, wie wir es gewohnt sind.

Tikip|pa?
gekommen_sein-ER?
Ist er gekommen?

Suu (Aap), tikip|poq.
BESTÄT. gekommen_sein-ER
Ja, er ist gekommen.

Naamik (Naagga), tiki|nngila|q.
GEGENTEIL gekommen_sein-nicht-ER
Nein, er ist nicht gekommen.

Bei verneinten Fragen ist es anders herum: **aap/suu** bestätigt, dass etwas nicht so ist und **naagga/naamik** bedeutet dann „ja, doch".

Tikinngil|a?
gekommen_sein-nicht-ER?
Ist er nicht gekommen?

Suu (Aap), tiki|nngila|q.
BESTÄT. gekommen_sein-nicht-ER
Nein, er ist nicht gekommen.

Naamik (Naagga), tikip|poq.
GEGENTEIL gekommen_sein-ER
Ja doch, er ist gekommen.

Namen & Anrede

Im Grönländischen gibt es kein „Sie". So kann es passieren, dass man auf einem Markt angeredet wird mit

Ilissi?
ihr
etwa: Möchtet ihr etwas kaufen?

Grönländer haben Vornamen wie **Pavia** Paul, **Kaalat** Karen, genuin grönländisch wie **Angunnguaq** „kleiner Mann" oder **Nuka** „kleine Schwester". Gern werden Suffixe wie **-araq** klein, **-nnguaq** niedlich oder **-suaq** groß, tolpatschig angehängt. Sie lieben treffende Spitznamen, die man auch als Fremder gebrauchen kann, wenn sie einem genannt werden. Namen werden wie Hauptwörter gebeugt.

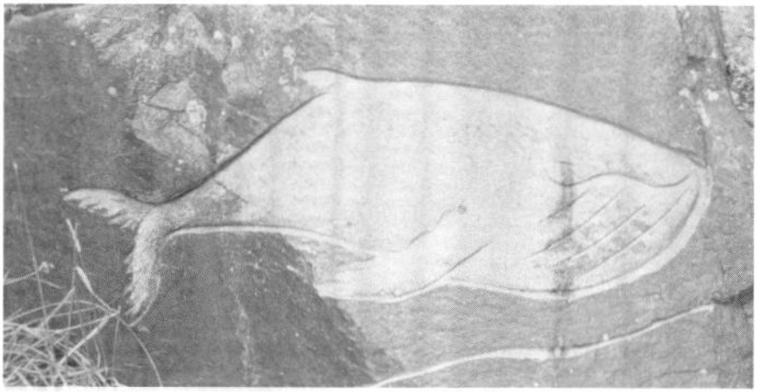

Qan<u>o</u>q ate|q<u>a</u>r|pit?
wie Namen-haben-DU?
Wie heißt du?

Raphael|imik / Marlena|mik ate|q<u>a</u>r|punga.
Raphael-INSTR / Marlena-INSTR Namen-haben-ICH
Ich heiße Raphael / Marlena.

An den Namen wird bei „heißen" immer **-mik** gehängt, nach Mitlaut mit Bindevokal **i**.

26-nik ukio|q<u>a</u>r|punga.
26-INSTR(Mz) Winter-haben-ich
Ich bin 26 Jahre alt.

26-uk<u>i</u>u|lik
26-Winter-versehen_mit
26-jährig

Die Familie

Die Familie hat im grönländischen Leben einen hohen Stellenwert. Entsprechend ausgefeilt sind die Bezeichnungen vor allem bei den Geschwistern.

	anaana·, **t** 1	Mutter
	ataata·, **t** 1	Vater
	aanaq; ningiu·, **t** 1	Großmutter
	aataq; ittu·, **t** 1	Großvater
	aja·k, **at** 1	Mutters Schwester (Tante)
	atsa·k, **at** 1	Vaters Schwester (Tante)
	anga·k, **at** 1	Mutters Bruder (Onkel)
	akka·k, **at** 1	Vaters Bruder (Onkel)
	erne·q, **rit** 3	Sohn
	ernu·taq, **ttat** 2	Enkel/in
	ilaqu·taq, **ttat** 2	Familienmitglied
NG: ilakka	**ilaquttakka**	meine Familie
	pani·k, **it** 1	Tochter
	qatanngut·, **it** 1	ein Geschwister

Meera|qar|pit?
Kind-haben-DU?
Hast du Kinder?

Marlun|nik pane|qar|punga.
zwei-INSTR(Mz) Tochter-haben-ICH
Ich habe zwei Töchter.

Aappa|qa|nngila|nga. / Nulia|qa|nngila|nga.
Partner-haben-nicht-ICH / Ehefrau-haben-nicht-ICH
Ich bin ungebunden (als Frau / Mann).

ui|ga	*Ehemann-mein*	mein Mann
nulia|ra	*Ehefrau-meine*	meine Frau
angut|a|at|i|ga *(A!)*	*Mann-BV-eigener-BV-mein*	mein Freund
arna|at|iga *(A!)*	*Frau-eigene-mein*	meine Freundin
ikinngut|i|ga / kammalaat|i|ga	*Freund-BV-mein*	ein Freund
nulia|ssa|ra / ui|ssa|ra	*Ehefrau / Ehemann-ZUK-mein*	Verlobte / Verlobter
sule|qat	*arbeiten-MIT_DEM_MAN_GEMEINSAM_TUT*	Kollege / Kollegin

pissiartaarpoq t
ist verlobt mit

avinneruvoq s
ist geschieden

Geschwisterverhältnisse

Des Bruders ...		Der Schwester ...	
angaju·, **t** 1	großer Bruder	**angaju·**, **t** 1	große Schwester
aleqa·, **t** 1	große Schwester	**ani·**, **t** 1	großer Bruder
nuka·, **t** 1	kleiner Bruder	**nuka·**, **t** 1	kleine Schwester
naja·, **t** 1	kleine Schwester	**aqqalu·k**, **it** 1	kleiner Bruder

-kkut (Mz) bezeichnet „die Familie von": **Mariakkut** „Marias Familie" und wird an den Stamm gefügt. **Najaa·raq**, **qqa\|t** 2 hat **Najaaqqa-** als Stamm: **Najaaqqakkut** „Najaaraqs Familie". **-kkut** kann gebeugt werden, z. B. **Mariakkun\|nut** „zu Marias Familie", oder erhält Suffixe: **ilinniartitsisoq** „Lehrer" + **kkut** + **+nukarpoq** „geht zu":

Trösten Sie sich, ich kann die auch nicht alle wirklich auswendig ...

Ilinniartitsisu\|kkun\|nuka\|ssaa\|gut.
Lehrer-Familie_von-gehen_zu-ZUK-wir
Wir werden zu der Familie des Lehrers gehen.

Begrüßen & Verabschieden

Die meisten Begrüßungsformeln stammen aus dem Dänischen oder Englischen.

Kumoorn.
guten_Morgen(dän.)
Guten Morgen.

Kutaa.
guten_Tag(dän.)
Guten Tag.

Aluukkut *nur an mehrere*

Kunaat.
gute_Nacht(dän.)
Gute Nacht.

Hej! / Aluu! / Aluu|kkut!
hei / hallo / hallo-MEHRERE
Hallo!

Abk.: Takuss'

Unnuaru / Aqagu / Erniinnaq taku|ssaa|gut.
heute_Abend / morgen / bald sehen-ZUK-WIR
Wir sehen uns heute Abend / morgen / bald!

Baj! *Bye-bye!*

Inuu|lluar|na. / Inuu|lluar|isi.
leben-gut_machen-DU(ZUK)! / ...-IHR(ZUK)!
Leb wohl / Lebt wohl.

-na (Ez: du) / **-isi** (Mz: ihr) bedeuten eine Aufforderung, zukünftig (aber nicht gleich) etwas zu tun.

Ingerla|lluar|it. / Ingerla|lluar|itsi.
reisen-gut_machen-DU! / ...IHR!
Gute Reise dir / euch!

Pi|lluar|it. / Pi|lluar|itsi.
etwas-gut_machen-DU! / ...IHR!
Herzlichen Glückwunsch dir / euch!

Floskeln & Redewendungen

Kleine Floskeln bewirken oft mehr als ein langer Satz. Die häufig abgekürzten gebe ich in [ ]-Klammern an.

Qanor|ip|pit? [Qanorik?]
wie-beschaffen_sein-DU?
Wie geht es dir?

Aju|nngila|tit? [Aju|nngik?]
schlecht-GEGENTEIL-DU?
Gehts gut?

Aju|nngila|nga. [Ajunng.]
schlecht_sein-GEGENTEIL-ICH
Mir geht es gut.

Illim|mi?
du-und?
Und dir, wie gehts dir?

+mi? „und?" stellt eine Gegenfrage, etwa „und du?". Es hat mit dem Lokativ **±mi** nichts zu tun. Das Suffix **-qaa-** „sehr" wird häufig als eine Art gesprochenes Ausrufezeichen angehängt.

Aju|nnge|qaa|nga. / Aju|nnge|qaa|gut.
schlecht_sein-GEGENTEIL-sehr-ICH / ...-WIR
Es geht mir / uns recht gut.

Ajor|punga. [**Ajoq.**] / **Ajo|qaa|nga.**
schlecht_sein-ICH / schlecht_sein-sehr-ICH
Mir geht es schlecht / sehr schlecht.

Aju|nngil|a?
schlecht_sein-GEGENTEIL-ES?
Ist das in Ordnung?

Aju|nngila|q.
schlecht_sein-GEGENTEIL-ES
In Ordnung.

Ajoraluar|tu|mik naamik. Ajor|poq.
bedauerlich_sein-NOM-INSTR nein schlecht_sein-ES
Leider nein. Es ist nicht in Ordnung.

Asuki(aq).	Keine Ahnung.
Atagu!	Moment!
A-usi.	Ah so. Ah ja.
Ilaa.	Ja, in der Tat, wirklich.
Ilaana.	Ja, gerne!
Nalinn.	Schade.
Nuann.	Schön! Wunderbar!
Qaami.	In Ordnung, klar.
Soorunami.	Natürlich.
Sussa!	Egal, lass gut sein; macht nichts.
Torrak!	Prima! Spitzenklasse!
Uumaa!	Hör mal! *auch:* hör auf!

Natürlich darf das bekannteste Wort nicht fehlen: **immaqa**. Es kann bedeuten: wahrscheinlich, vielleicht, hoffentlich ... alles, nur nichts sicheres!

Bitte, Danke & Entschuldigung

Es gibt kein einzelnes Wort für „bitte" wie im Deutschen. Bei Aufforderungen wird das Suffix **-laar-** „wenig" verwendet.

Utaqqi|laar|it! [Abk. **Uatsi|laaq!**; **Uatsi!**]
warten-wenig(BITTE)-DU!
Warte bitte mal.

Für „kann ich bitte..." oder „kannst du bitte ..." nimmt man **+sinnaavoq** „kann" in der entsprechend gebeugten Form:

Telefoner|sinnaa|vunga?
telefonieren-können-ICH?
Kann ich bitte mal telefonieren?

Beim Überreichen sagt man für „bitte" förmlich **takanna!** oder weniger förmlich **ak!**

Qanoq? *oder* **qanoq-aa?**
wie
Wie bitte?

-aa markiert etwas als Frage.

Qano|rooq?
wie-ÄUSSERUNG_EINES_ANDEREN
Was bitte hat er gesagt?

-gooq/-rooq kennzeichnet eine Äußerung von jemandem zu mir oder umgekehrt.

Jaaku|mut aluu|gooq inuu|llua|qqu|laar|uk.
Jaaku-zu(ALL) Hallo-ÄUSSERUNG_VON_MIR leben-gut_machen-bitten-wenig(BITTE)-DU_IHN
„Grüße Jaaku von mir“.

... ±mut qujanaq. [Abk. **Qujan.**]
aus(ABL) erfreulich
Danke für ...

unnuk manna	*Abend dieser*	diesen Abend
agge|ra|vit	*herkommen-WEIL-DU*	dass du gekommen bist
ikio|ra|mma	*helfen-WEIL-DU_MIR*	die Hilfe
ato|ra|kku	*gebrauchen-WEIL-ICH_ES*	das Leihen
kaffi|mut	*Kaffee-aus(ABL)*	den Kaffee

Hauptwörter stehen bei **qujanaq** meist mit **±mut**. **-mma** und **-kku** sind zielende Endungen der **-ra-**Form.

Der in Skandinavien übliche Gruß, wenn man sich wiedertrifft.

Qujanaq kinguller|mik.
erfreulich letztes-INSTR
Danke für das letzte Mal!

Qujanar|suaq! Qujana|rujussuaq!
erfreulich-groß erfreulich-riesengroß
Vielen Dank! Tausend Dank!

Quja|annar|punga.
danken-nur_tun-ICH
Nein danke.

Antwort auf danke

Illil|lu! / Ilissi|lu!
du-auch / ihr-auch
Bitte sehr (an eine Pers. / mehrere Personen).

Kamanॱnaॱk!

böse_sein-BITTE_NICHT-DU!
Seien Sie / sei mir bitte nicht böse!

Ajuusaar|punga. / Ajuusaa|qaa|nga.
bedauern-ICH / bedauern-sehr-ICH
Es tut mir (sehr) leid.

Das erste Gespräch

Trotz aller Zurückhaltung überwiegt nicht selten die Neugierde nach dem Woher und Wohin.

Su|minngaanneer|pit?
was-kommen_aus-DU?
Woher kommst du?

Tysklandi|minngaanniit / Austria|miit / Schweizi|mit.
Deutschland-aus(ABL Langform) / Österreich-aus(ABL) / Schweiz-aus(ABL)
Aus Deutschland / Österreich / der Schweiz.

Die Endungen **±minngaanniit**, **±miit** und **±mit** können bei Ortsnamen beliebig ausgetauscht werden, alle bedeuten „aus, von" (in der Mz immer mit **n** beginnend).

Su|miu|u|vit?
was-Bewohner_von-bist_du?
In welcher Stadt wohnst du?

Das erste Gespräch

München|i|miu|uvunga.
München-BV-Bewohner-ich_bin
Ich komme aus München.

Das -in- *in diesem Bandwurm kommt von* -ip|poq *„befindet sich in", das sich an* +nikku *angeglichen hat.*

Nuna|tsinni|in|nikku|uvit?
Land-in_unserem-s.befinden-EINER_DER_SCHON_MAL-bist_du?
Warst du schon mal in Grönland?

Marlo|riar|lu|nga / Pingaso|riar|lu|nga tassunga pi|sar|punga.
zwei-mal_tun-GLEICHZ-ICH / (drei-...) hierher erreichen-GEWÖHNL-ICH
Ich war schon zwei (drei) Mal hier.

±mut il|aa|voq *bedeutet „als Passagier in einem Fahrzeug sein"*

Umia|rsuar|mut takornarium|mut ilaa|llu|tta tikip|pugut.
Boot-groß-zu(ALL) touristisch-zu(ALL) dabeisein-GLEICHZ-WIR ankommen-WIR
Wir sind mit einem Kreuzfahrtschiff hier.

Ippassaq tikip|punga / tikip|pugut.
gestern ankommen-ICH / ...-WIR
Ich bin / wir sind gestern angekommen.

Sapaat|ip akunner|i marluk maani|i|ssaa|nga.
Sonntag-ABH Zwischenraum-seine(Mz) zwei hier-s.befinden-ZUK-ICH
Ich bleibe 2 Wochen.

Aqagu unnu|kku|mut.
morgen abend-VIA-zu(ALL)
Bis morgen Abend.

Sapaat|i|u|ppat tulli|a|ni aalla|ssaa|gut.
Sonntag-BV-sein-WENN_ES nächster-sein-in(LOK) abreisen-ZUK-WIR
Übernächsten Sonntag werden wir abreisen.

Nuannaraa|juk?
Gefallen_finden_an-DU_ES?
Gefällt es dir?

Kalaalli|t Nuna|at assut nuannaraa|ra.
Grönländer-ABH(Mz) Land-IHR sehr mögen-ICH_ES
Grönland gefällt mir sehr gut!

Su|leri|sar|pit?
was-s.befassen_mit-GEWÖHNLICH-DU?
Was machst (arbeitest) du?

Ilinniarnertuu|juvunga.
Student-ich_bin
Ich bin Student.

... suli|sar|punga.
arbeiten-GEWÖHNL-ICH
Ich arbeite ...

aningaaserivim|mi	*Bank-in*	in einer Bank
sulif|fis|suar|mi / sulif|fi|nnguar|mi	*arbeiten-Ort-groß / klein-in*	in einer großen / kleinen Firma
ilisimatusarfim|mi	*Universität-in*	in einer Universität
ujaras|si·ooq, uut 1	*Stein-"Sucher"*	Geologe, Mineraloge
oqaluf|fim|mi	*sprechen-Ort-in*	im kirchl. Bereich
suli|si|tsi|s·oq, ut 1	*arbeiten-veranlassen-JEMANDEN-NOM*	Unternehmer

Zu Gast sein

Die wohl häufigste Einladung in ein grönländisches Heim ist das bekannte **kaffemik**.

Das Kaffemik

Das **kaffemik** ist dänisch verballhornt aus **kaffi** + **mik** (INSTR). Je nach Größe der Ortschaft ist dabei jeder oder nur die Nachbarschaft anlässlich eines Geburtstages, einer Kindstaufe oder auch nur so zu jemandem nach Hause eingeladen. Jeder kommt wann es zeitlich passt mit kleinen Geschenken (Blumen, Süßigkeiten). Der Gast bekommt eine Tasse Kaffee und meist zwei Stücke Kuchen. Befremdlich ist, dass dieser Kaffee unter völligem Schweigen genossen werden kann.

Raucher ziehen sich danach ins Rauchereck zurück. Danach gibt man mit knappem Dank Tasse und Teller zurück, verabschiedet sich kurz und geht wieder.

Mittlerweile werden solche Kaffemiks auch arrangiert, allerdings gegen Entgelt und zu festen Zeiten mit mehr oder weniger traditionellem grönländischem Essen. Es ist sicher eine gute Möglichkeit, Kontakt zu Einheimischen zu bekommen.

kaffillerput
sie veranstalten ein Kaffemik

kaffisuuterujoorne·q, **rit** 3
Kaffemik (echtes grönländisches Wort dafür)

Kaffi|sor|iartor|itsi.
Kaffee-trinken-gehen_um_zu-IHR!
Kommt zu mir zum Kaffee!

Tamassa ise|ritsi.
das_hier_ist eintreten-IHR!
Bitte kommt herein.

Su|mi issia|ssaa|nga / issia|ssaa|rput?
was-in(LOK) setzen-ZUK-ICH? / setzen-ZUK-WIR?
Wo darf ich mich / dürfen wir uns setzen?

Su|to|rusup|pit?
was-trinken-mögen-DU?
Was möchtest du?

Kaffi|su|ssa|vit?
Kaffee-trinken-ZUK-DU?
Möchtest du Kaffee?

Kaffi|so|rusup|punga.
Kaffee-trinken-mögen-ICH
Ich hätte gern einen Kaffee.

Kaffi, viini *„Wein" und* viski *„Whisky" fügen für „trinken"* -sorpoq *an, alle anderen* -torpoq.

Tii|ut|e|qa|nngila|gut.
Tee-vorrätig-BV-haben-nicht WIR
Tee haben wir nicht vorrätig.

Paaja|to|rusun|neru|vunga.
Bier-trinken-wollen-MEHR-ICH
Ich hätte lieber ein Bier.

Kaffi|mut sukku|ler|tar|pit / immu|ler|tar|pit?
Kaffee-zu(ALL) Zucker-versehen_mit-GEWÖHNL-DU? / (Milch-...)
Nimmst du Zucker / Milch zum Kaffee?

Pe|qqin|niar|it.
nehmen-wieder-fest_vorhaben-DU!
Nimm doch noch was.

Pe|qar|punga suli.
etwas-haben-ICH noch
Ich habe noch was.

Naamik, tassa.
nein das_ist_es
Nein, das reicht.

Imigassar|tor|neq ajor|punga.
Alkohol-trinken-HW negativ_sein-ICH.
Ich trinke keinen Alkohol.

Kasuut|ta!
klingen-LASS_UNS!
Zum Wohl!

Qujanaq, qaaliiv.
Dank satt(ABK)
Danke, ich bin völlig satt.

Qaaqqusissut|innut qujanar|suaq.
Einladung-zu_deiner(ALL) dank-groß
Vielen Dank für die Einladung.

Aju|laar|tumik massakkut angerlar|sariaqar|pugut.
schlecht-wenig_sein-UMST jetzt heimgehen-müssen-WIR
Wir müssen jetzt leider gehen!

Unterwegs

Die Grönländer reisen während des Sommers selbst viel. Während längerer Fahrten ergeben sich gute Gelegenheiten für Gespräche.

In Dorf und Stadt

Utoqqatser|punga, qanoq ... +mukar|sinnaa|vunga?
s.entschuldigen-ICH wie ... gehen_nach-können-ICH?
Entschuldigung, wie komme ich zu ... ?

takornariartitsivi·k, it 1	Touristeninformation
katersugaasivi·k, it 1	Museum
aningaaserivi·k, it 1	Bank
katersortarfi·k, it 1	Versammlungshaus
oqaluffi·k, it 1	Kirche
kalaalimineerniarfi·k, it 1	grönl. Markt, Brædtet
cafeteria·, t 1	Café

Das Mehrzweckhaus ist für Versammlungen und Veranstaltungen wie Kino und Theater.

Auf dem Brædtet (dän. „das Brett") kann man von Jägern grönländische Jagdprodukte kaufen.

In kleineren Ortschaften ist der (oft dänische) Schullehrer eine gute Adresse, um bei Schwierigkeiten Hilfe zu bekommen oder allgemeine Informationen.

Ilinniartitsisoq su|mi najuga|qar|pa?
Lehrer was-in(LOK) Wohnung-haben-ER?
Wo wohnt der Lehrer?

Vikingi|t illu|ku|i naak?
Wikinger-Mz(ABH) Haus-alt-ihre wo_ist?
Wo sind die Wikingerruinen?

Inu|it asimio|qar|fi|at pisoqaq
Mensch-Mz(ABH) Siedler-haben-Ort IHRE alt
Alte Inuitsiedlung

Taxi und Bus

Taxis gibt es in fast jedem Ort, ab einer gewissen Größe auch Busse, z. B. zum Flughafen.

bussi|t unit|tar|fi|at
Bus-(Mz ABH) stoppen-GEWÖHNL-Ort-ihr
Bushaltestelle

Taxa|qarpa? / Busse|qarpa?
Taxi-gibt_es? / Bus-gibt_es?
Gibt es hier ein Taxi / einen Bus?

Taxa qaa|qqu|laar|uk.
Taxi komm'-befehlen-wenig(BITTE)-DU_ES!
Kannst du mir ein Taxi rufen?

Achtung: mitaarfik *heißt Fastnacht/ Fasching!*

Mittarfim|mut. / Umiarsualivim|mut.
Flughafen-zu(ALL) / Hafen-zu(ALL)
Zum Flughafen / Hafen.

Tuavilinnaq.
s.beeilen-nur
Bitte beeil dich!

Aqagu ullaakkut nalunaqutaq tallima|nut umiarsualivim|mut taxar|niar|punga.
Morgen morgens Uhr fünf-zu(ALL Mz) Hafen-zu(ALL) Taxi_nehmen-wollen-ICH
Ich möchte morgen früh mit dem Taxi um fünf Uhr zum Hafen.

Mit Schiff, Heli und Flugzeug

Planen Sie als Individualreisender genug Zeit ein, sonst kann das Erreichen eines Rückfluges teurer werden als der Rest der Reise.

Das oft schnell umschlagende Wetter oder Eisgang können auch im Sommer nicht selten zu Verzögerungen bis zu einer Woche führen. Es gibt nicht jeden Tag Fähren überall hin und Straßen zwischen den Ortschaften gibt es keine.

Su|mit Nuum|mut angallat / helikopteri aalla|ssa|va?
was-von(ABL) Nuuk-zu(ALL) Fahrzeug / Helikopter abfahren-ZUK-ER?
Von wo geht die Fähre / der Helikopter nach Nuuk?

Angallat / Helikopteri / Timmisartoq una Paamiu|lia|ssa|va?
Fahrzeug/Helikopter/Flugzeug dies Paamiut-gehen_nach-ZUK-ES?
Ist das die Fähre / der Helikopter / das Flugzeug nach Paamiut?

Ullumi / Aqagu Qaqortu|muka|ssa|llu|ni angalla|qarpa?
heute / morgen Qaqortoq-gehen_nach-ZUK-GLEICHZ-ES Fahrzeug-gibt_es?
Gibt es heute / morgen ein Schiff nach Qaqortoq?

Angallat tulleq / kingulleq Sisimiu|nut qassinut aalla|ssa|va?
Fahrzeug nächstes / letztes Sisimiut-zu(ALL) wann abfahren-ZUK-ES?
Wann geht das nächste / letzte Schiff nach Sisimiut?

Angallat ullumi / aqagu Arsu|liar|sinnaa|ssa|va?
Fahrzeug heute / morgen Arsuk-reisen_nach-können-ZUK-ES?
Kann heute / morgen das Schiff nach Arsuk fahren?

Angallat kann hier immer durch **helikopteri** oder **timmisartoq** „Flugzeug" ersetzt werden. Fliegen und fahren wird mit **-liar-** ausgedrückt.

Iluli|ssa|liar|sinnaa|nngila|q.
Ilulissat-reisen_nach-können-nicht-ES
Es besteht keine Verbindung nach Ilulissat.

Su|mi billetsi|si|sinnaa|vunga / ingerlaarfissar|si|sinnaa|vunga?
was-in(LOK) Billet-kaufen-können-ICH? / Fahrplan-kaufen-können-ICH?
Wo bekomme ich Fahrkarten / einen Fahrplan?

Uunartu|mukar|neq siumut utimul|lu qanoq ake|qar|pa?
Uunartoq-gehen_nach-HW hin zurück-und wie Preis-haben-ES?
Wie viel kostet eine Fahrt nach Uunartoq und zurück?

Ataatsi|mut / Marlun|nut ini|ssa|qarpa?
eins-zu(ALL) / zwei-zu(ALL) Platz-ZUK-gibt_es?
Ist noch was frei für einen / zwei?

Bestiili|si|ssus|sinnaa|vinga?
bestellen-ETWAS-FÜR-können-DU_MIR?
Kannst du für mich reservieren?

-ssuppaa = „tut für" den in der Endung erwähnten: **-vinga** = MIR/MICH, also hier **-ssus-** = für mich (**s** wegen der Angleichung an **+sinnaa**).

Es gibt zwei Kabinentypen:

<table>
<tr><td>aki|kin|ner|mi Sammelschlafraum unter Deck
Preis-wenig-MEHR-in(LOK)</td></tr>
<tr><td>akisu|ner|mi Einzel- oder Zweierkabine
teuer_sein-MEHR-in(LOK)</td></tr>
</table>

Su|kkut / Qassinut ikaa|ssaa|nga?
wo-durch(VIA) / wann aussteigen-ZUK-ICH?
Wo / Wann muss ich aussteigen?

Qassinut ingerla|qqi|ssaa|gut?
wann reisen-wieder-ZUK-WIR?
Wann geht's weiter?

Merianngu|vunga.
Übelkeit_spüren-ICH
Mir ist schlecht.

Merianngu|naveer|saat|e|qarpa?
Übelkeit_spüren-nicht_mehr-Mittel-BV-gibt_es?
Hast du ein Mittel gegen Seekrankheit?

<table>
<tr><td>ilaasortaat·, it 1</td><td>Passagierschiff allg.</td></tr>
<tr><td>sinersortaat·, it 1</td><td>Küstenpassagierschiff</td></tr>
<tr><td>umiarsuaq takornariut</td><td>Kreuzfahrtschiff</td></tr>
</table>

Mitfahrgelegenheit suchen

Grönländer besitzen oft ein kleineres Boot, mit dem sie z. B. zum Einkaufen fahren. Sie können ruhig fragen, ob man Sie wo hinbringt oder mitnimmt.

Pisiniarfi|lia|ssa|vit?
Laden-reisen_nach-ZUK-DU?
Fährst du zum Einkaufen?

Ilaa|sinnaa|vunga?
mitkommen-können-ICH?
Kann ich mitkommen?

Qassi|nik akili|ssaa|nga?
wie_viel-INSTR(Mz) bezahlen-sollen(ZUK)-ICH?
Wie viel soll ich dafür bezahlen?

Aki|kinneru|laar|sinnaa|galuar|pa?
Preis weniger wenig(BITTE)-können-womöglich-ES?
Ginge es nicht etwas billiger?

-kinneru- *entsteht aus* -kip- *„wenig" und* +neru- *„Steigerung".*

Narsarsua|lia|tariaqar|punga.
Narsarsuaq-reisen_nach-müssen-ich
Ich muss unbedingt nach Narsarsuaq.
(Dieser Satz verdoppelt den Preis!)

Taamaa|liu|nngikku|ma timmisartoq inortu|ssa|vara.
so-tun-WENN_NICHT-ICH Flugzeug verpassen-ZUK-ICH_ES
Sonst verpasse ich das Flugzeug.

Einige Ortsnamen und ihre Beugung

Nachfolgend einige der wichtigeren Ortsnamen und die Form für **±mi/ni** „in“ (LOK). Die anderen Formen können Sie bilden, indem Sie **±mi/ni** durch **±miit/niit** (von, Langform des ABL) bzw. **±mut/nut** (nach, ALL) ersetzen. „Reisen nach“ heißt **±mukarpoq/nukarpoq**. Beachten Sie, dass einige Namen auf **-t** Mz-formen sind, die immer die Anhängsel auf **n-** brauchen.

<table>
<tr><td>Aasiaa|t, -nni (Mz)</td><td>Nuu|k, -mmi</td></tr>
<tr><td>Ammassali|k, -mmi</td><td>Paamiu|t, -ni (Mz)</td></tr>
<tr><td>Arsu|k, -mmi</td><td>Qaanaa|q, -mi</td></tr>
<tr><td>Ilulissa|t, -ni (Mz)</td><td>Qaqort|oq, -umi</td></tr>
<tr><td>Ittoqqortoormii|t, -ni (Mz)</td><td>Qasigiannguj|it, -ani (Mz)</td></tr>
<tr><td>Ivittuu|t, -ni (Mz)</td><td>Qeqertarsua|q, -rmi</td></tr>
<tr><td>Kangaatsia|q, -rmi</td><td>Qullissa|t, -ni (Mz)</td></tr>
<tr><td>Maniits|oq, -umi (QR!)</td><td>Sisimiu|t, -ni (Mz)</td></tr>
<tr><td>Nanortali|k, -mmi</td><td>Tasiila|q, -mi</td></tr>
<tr><td>Narsa|q, -rmi</td><td>Upernavi|k, -mmi</td></tr>
<tr><td>Narsarsua|q, -rmi</td><td>Uummanna|q, -mi</td></tr>
</table>

Aufschriften und Warnungen

Mit **-toq**-Form und **-qassanngilaq** werden oft Verbote formuliert:

Iser|to|qa|ssa|nngila|q.
hineingehen-NOM-existieren(geben)-ZUK-nicht-ES
Eintritt verboten
(wörtl: „es soll keinen geben, der eintritt“).

AMMASARFII	ÖFFNUNGSZEITEN
AMMAVOQ	OFFEN
ANGUTIT	MÄNNER
ANIFFISSIAQ	NOTAUSGANG
ANISARFIK	AUSGANG
ARNAT	FRAUEN
ISERTARFIK	EINGANG
MATUVOQ	GESCHLOSSEN
SIKULIARNISSAQ INERTEQQUTAAVOQ	BETRETEN DES EISES VERBOTEN
PERUSUERSARTARFIK	TOILETTE
PUJORTARTARFIK	RAUCHERZIMMER
AALAKOORTUT ILAQQUSSAANNGILLAT	BETRUNKENE KOMMEN NICHT MIT
ILAASUNUT ANARTARFIK	PASSAGIERTOILETTE
INUTTANUINNAQ	NUR FÜR BESATZUNG
KATERSUUTTARFIK	SAMMELPLATZ
QIMAFFISSAP AQQUTAA	FLUCHTWEG
NASSATAT UUNGA ILINAGIT / NASSATAT MAANGA ILISSANNGILLAT	ABSTELLEN VON GEPÄCK HIER VERBOTEN
PUJORTARTOQASSANNGILAQ / PUJORTARNEQ INERTEQQUTAAVOQ / TUPATORNEQ INERTEQQUTAAVOQ	RAUCHEN VERBOTEN

Im Gelände

Grönland erfordert bei Wanderungen mehr Aufmerksamkeit und Vorsicht als Mitteleuropa. Gehen Sie am besten in einer Gruppe z. B. mit dem ANNA-Notfallpaket (in jeder Touristeninformation erhältlich), nicht ohne vorher Route und Zeitpunkt der geplanten Rückkehr an geeigneter Stelle hinterlassen zu haben.

Angalaartu|mut najoqqutassa|nik / Nuna|p assi|nga|mik pe|qarpa?
Tour-für(ALL) Anleitung-INSTR(Mz) / Land-ABH Bild-seines-INSTR etwas-gibt_es?
Hast du eine Tourenbeschreibung / Landkarte?

Tyski|sut / Tulut|tut aamma pe|qarpa?
Deutscher-wie(ÄQU) / Engländer-wie(ÄQU) auch etwas-gibt_es?
Hast du das auch auf Deutsch / Englisch?

Für „englisch" hört man auch engelsk *(dän.).*

Qaqqa|liar|niar|punga. / Tasiusa|liar|niar|punga.
Berg-reisen_nach-fest_vorhaben-ICH / Tasiusaq-...
Ich möchte eine Wanderung in die Berge / nach Tasiusaq machen.

Naak Ilimmaasa|mut aqqut|a|a?
wo_ist Ilimmaasaq-zu(ALL) Weg-BV-seiner
Wo ist der Weg nach Ilimmaasaq?

Angalaartu|mut najoqqutassa|ni aqquti|ssa|nnik unnersuus|sinnaa|vinga?
Wanderer-für(ALL) Anleitung-in(LOK Mz) Weg-ZUK-meinen(INSTR) zeigen-können-DU_MIR?
Kannst du mir das auf der Karte zeigen?

Ugguuna ingerla|ssaa|gut.
über_dieses_dort(VIA) reisen-ZUK-WIR
Wir werden diese Route nehmen.

Arfineq-marluk eqqaani uti|ssaa|gut.
sieben ungefähr zurückkommen-ZUK-WIR
Wir werden ungefähr um 7 Uhr zurück sein.

Aqqut aju|nngil|a / ajor|pa?
Weg schlecht_sein-GEGENTEIL-ER? / schlecht_sein-ER?
Ist der Weg gut / schlecht?

Angallam|mut / Helikopteri|mut ilaa|llu|nga tassunga ingerla|sinnaa|vunga?
Fahrzeug-zu(ALL) / Helikopter-zu(ALL) dabei_sein-GLEICHZ-ICH dorthin reisen-können-ICH?
Kann man mit dem Boot / Helikopter dorthin kommen?

Kuuk ikaar|neqar|sinnaa|va?
Fluss überqueren-werden(Passiv)-können-ER?
Kann der Fluss überquert werden?

Suna sianigi|sarjaqar|pa?
was beachten-müssen-ES?
Worauf muss man Acht geben?

Kein Witz: qaqqa|qa|qaaq *bedeutet „es gibt sehr viele Berge dort".*

Kisimiji|llu|tit pisun|na|k!
alleine_sein-GLEICHZ-DU gehen-VERBOT-DU!
Geh nicht alleine!

Qimusserarneq	Hundeschlittenfahrt

Schlittenhunde gibt es nur nördlich des „Hundeäquators" ab **Sisimiut**. Besonders wenn ihr Halter nicht dabei ist, sollte man von den Hunden respektvollen Abstand halten.

Für eine Schlittenhundefahrt können Sie sich kaum zu warm anziehen!

Oqorsar|neru|ssaa|tit.
wärmeisolieren-mehr-ZUK(sollen)-DU
Du solltest dich wärmer anziehen.

Qimmi|kka qanilli|na|git.
Hund-meine(Mz) nahe_sein-VERBOT-DU_IHNEN!
Komm meinen Hunden nicht zu nahe!

Kii|si|sar|put.
beißen-JEMANDEN-GEWÖHNL-SIE
Sie beißen.

Iki|niar|it!
einsteigen-fest_vorhaben-Du!
Steig bitte auf.

Una tigu|llu|gu.
das_hier nehmen-GLEICHZ(BEFEHL)-das
Halt dich hier fest. *oder:* Halt das fest.

Niu|laar|langa.
absteigen-wenig(BITTE)-lass_mich!
Bitte lass mich absteigen.

Issia|annar|niar|it.
sitzen-nur-wollen-DU!
Bleib sitzen.

Vorsicht mit dem Wort Vorsicht: sianiik *bedeutet „Du Dummkopf“!*

Siani|guuk! Sianiga|lu|gu!
beachten-DU_ES! vorsichtig_sein_mit-GLEICHZ-ES!
Vorsicht!

Ulorja|nar|poq.
aufpassen-veranlassen-ES
Man muss achtgeben.

Uni|laar|pugut.
nicht_bewegen-wenig-WIR
Wir machen eine kurze Pause.

Qiuler|pit?
stark_frieren-DU?
Frierst du?

Qipis|si|sinnaa|vunga?
Decke-bekommen-können-ICH?
Kann ich eine Decke bekommen?

Isiga|arsi|vunga. / Assa|arsi|vunga.
Fuß-frieren_an(A!)-ICH / Hand-frieren_an(A!)-ICH
Mir ist kalt an den Füßen / den Händen.

Wörtlich bedeutet -ᵛersivoq *„verloren haben" (man wird vor Kälte gefühllos).*

Issi!
Kälte
Wie kalt es ist!

Takuluk!
sehen-DU_ES!
Schau!

Puisi|t pingasu|upput.
Robbe-Mz drei-sind.
Es sind drei Robben.

Kusanaq!
schön
Wie schön!

Kusanaq *ist eine oft gebrauchte Abkurzung des Verbs* kusanarpoq *„ist schön". Viele Verben auf* -narpoq *können mit* -naq *abgekürzt werden.*

Uti|ler|pugut.
umkehren-beginnen-WIR
Wir kehren um.

ittoqut·, it 1	Leithund
qimusserpoq t	fährt im Hundeschlitten
atisat oqortut Mz	warme Kleidung
qipi·k, it 1	Decke
qamutit 1 Mz	Schlitten (ohne Hund)

qimuss·eq, it 1	Schlitten mit vorgespannten Hunden
iperaa·taq, ttat 2	Hundspeitsche
anut·, it 1	Zuggeschirr für Hunde
pooqatta·q, t 1	Packsack für Schlitten
miaggoorpoq t	heult (Hund)
illui·gaq, kkat 2	„Iglu“, Schneehaus

Das Kajak

Grönland ist ein Paradies für Kajakfahrer: zwischen all den glitzernden Eisbergen in fast völliger Stille dahinzugleiten ...

sein eigenes Kajak: qaanni

ajunaalernermi ikumati·taq, ttat 2	Not-Leuchtsignal
aleq, arlit 3	Leine
assakarpoq t	ist umgekippt
immap assinga	Seekarte
iput·, it 1	Ruder
paatit Mz 1	Querpaddel
puttaqut·, it 1	Rettungsweste
qaannivi·k, it 1	Kajakgerüst/-ablage
qajaq, qaannat 2	Kajak
qajartorne·q, rit 3	Kajaktour
saaqqutit Mz 1	Kajakausrüstung
umia·q, t 1	offenes Frauenboot
ussissarpaa	dichtet es ab

Fauna und ein wenig Flora

Die arktische Fauna und Flora sind eine der Hauptattraktionen „Grünlands“, auch für

„Steinsucher“ ist die Insel ein Paradies. Vorsicht in der Nähe von Moschusochsen: sie können angreifen. **Ippernat** „Mücken“ sind dagegen nur lästig, dagegen hilft **ippernaaqqut** „Mückennetz“.

Eisbären sieht man wahrscheinlich nicht. Im Süden bei Nanortalik *(= mit Eisbären versehen) treiben sie im Frühjahr gelegentlich auf Eisschollen heran, müssen aber sofort abgeschossen werden.*

Suna|ana ... ?
was-das_ist
Was ist das für ein ... ?

... naasoq?	... eine Pflanze (Blume)?
... uumasoq?	... ein Tier?

Kalaalli|sut qanoq taa|sar|paat?
Grönländer-wie(ÄQU) wie bezeichnen-GEWÖHNL-SIE_ES?
Wie nennt man das auf Grönländisch?

Nano|qarpa? / Umimma|qarpa?
Eisbär-gibt_es? / Moschusochse-gibt_es?
Gibt es hier Eisbären / Moschusochsen?

Eqqa|ani nanoq taku|neqar|sima|voq.
Nähe-seiner_in Eisbär sehen-werden(Passiv) VERG-ER
Es wurde ein Bär in der Nähe gesichtet.

Arfer|nik takornar|iar|ne|qarpa?
Wal-INSTR(Mz) besichtigen-gehen_zu-HW-gibt_es?
Gibt es Möglichkeiten zur Walbeobachtung ?

Aalisa|ria|rusup|punga.
fischen-gehen_zu-wünschen-ICH
Ich möchte gerne fischen.

Pisa|qar|pit?
gefangenes-haben-DU?
Hast du etwas gefangen?

Marlo|raar|punga.
zwei-Stück_erwischt_haben-ICH
Ich habe zwei gefangen.

Ami|a / Nassu|i nassar|niar|para.
Haut-seine / Horn-seine(Mz) mitnehmen-vorhaben-ICH_ES
Ich möchte das Fell / das Geweih mitnehmen.

IMERMIUT	Wasserbewohner
aalisa·gaq, **kkat** 2	Fisch (allgemein)
aaveq, **aarfit/aarrit** 3	Walross
aner(saar)ne·q, **rit** 3	Atemwolke eines Wals
arfe·q, **rit** 3	Wal allgemein
puisi·, **t** 1	Robbe allgemein
uutt·oq, **ut** 1	sich sonnende Robbe

wörtl. „brennend“

NERSUT	Landsäugetiere
sava·, **t** 1	Schaf
terianni·aq, **ssat** 2	Fuchs
tuttu·, **t** 1	Rentier, Karibu
uka·leq, **llit** 2	Hase
umimma·k, **at** 1	Moschusochse

auch: Sternbild „Großer Wagen“

„seine Spur“ heißt tumaa, *z. B. Rentierspur* tuttup tumaa

TIMMISSAT	Vögel
aqiss·eq, **it** 1	Schneehuhn
nattorali·k, **it** 1	Adler
nerle·q, **rit** 3	Gans
uppi·k, **ngit** 3	Eule

Die Suffixe für „jagen“ und „fangen“: **+(n)niarpoq** „aus sein auf, jagen“ und **+(p)poq** „hat ... gefangen“ können an jedes Jagdwild gefügt werden (die Form mit **nn/pp** steht nach Vokal): **tuttu|nniarpoq** ist auf Rentierjagd, **puisi|ppoq** hat eine Robbe erlegt, **aqisser|poq** hat Schneehühner geschossen.

Mit **-^{v}araq** bzw. **-aq** bildet man „ein Jungtier von ...“: **qimmi|araq** Welpe, **sava|araq** Lamm; **nanor|aq** Eisbärenjunges.

aalisarpoq t	fischt
aallaa·t, sit 1	Gewehr
allu·, t 1	Atemloch der Robbe
allua·q, t 1	Eisloch zum Fischen
aqqarpoq t	(Tier) tauchte ab
piniarpoq t	ist auf Jagd
puivoq s	(Tier) tauchte auf
pulappoq tt	zerlegt Robbe
seqqorpoq t	schießt

piniartoq: *Jäger*

NAASUT	Flora, Blumen
kigutaarna·q, t 1	Blaubeere, Moosbeere
nerineqarsin-naanngitsoq	nicht essbar
nerineqarsinnaasoq	essbar
nuniappoq tt	sammelt Beeren für später
paarna·q, t 1	Beere, Frucht
pukuppoq tt	pflückt Beeren, um sie sofort zu essen
pupi·k, it 1	Pilz
toqunartoq	tödlich giftig
ukaliusa·q, t 1	Wollgras

Es gibt Giftpilze auf Grönland!

Das Wetter

Über das Wetter Bescheid zu wissen, kann lebenswichtig sein, bevor man ins Gelände geht. Informationen bekommt man in allen Touristenbüros und Hotels in Form meist etwas bescheidener Ausdrucke aus dem Internet. Im Radio werden auch englisch Wetternachrichten durchgegeben.

Sila|ssaq ullumi / aqagu qanori|ssa|va?
Wetter-zukünftig heute / morgen wie_beschaffen_sein-ZUK-ES?
Wie wird das Wetter heute / morgen?

Qanorissava *besteht aus* qanoq *„wie“* + issava *„wird es beschaffen sein?“ (von* ippoq*), das zusammengezogen wird und dabei* -q *zu* -r *macht.*

Avataa sila qanori|ssa|va?
draußen_auf_See Wetter wie_beschaffen_sein-ZUK-ES?
Wie wird es auf See?

Sila|gi|ssaa|q. / Sila|rlu|ssaa|q.
Wetter-gut_sein-ZUK-ES / Wetter-schlecht_sein-ZUK-ES
Es wird gutes Wetter / schlechtes Wetter.

Seqinni|ssaa|q.
Sonne_scheinen-ZUK-ES
Die Sonne wird scheinen.

Sialli|ssaa|q.
regnen-ZUK-ES
Es wird regnen.

-nar- *bedeutet „verursacht, dass man so ist“.* Panernar- *ist also „verursachend, dass man trocken ist“.*

Paner|na|ssaa|q.
trocken_sein-verursachen-ZUK-ES
Es wird trockenes Wetter sein.

Anorsarissi|ssaa|q. / Qatsu|ssaa|q.
Wind_zunehmen-ZUK-ER / windstill_sein-ZUK-ES
Der Wind wird zunehmen / nachlassen.

Anore|rsua|ssaa|q.
Wind-groß_sein-ZUK-ER
Es wird ein Sturm kommen.

Sila|gik! / Sila|rluk!
Wetter-schön! / Wetter-schlecht!
Was für ein schönes / schlechtes Wetter!

Die „Ballspiele“ des Nordlichtes nehmen Bezug auf alte mythologische Vorstellungen, wonach es die Verstorbenen sind, die am Himmel spielen.

allaaqqippoq	es ist wolkenlos	
anorersu·aq, ut 3	Sturm	
anorsari·k, up 1	frischer Wind	
arsanerit Mz	Nordlicht	*wörtl.„Ballspiele“*
kaperla·k, at 1	Winternacht	
kiatsippoq tt	es wird warm	
nittarpoq t	der Niederschlag hat aufgehört	
nui·aq, ssat 2	Wolke	nujaq = *einzelnes Haar!*
nuivoq s	es lockert auf	
panernarpoq t	es ist trockenes Wetter	
perlu·k, lt 1	ausgesprochen schlechtes Wetter	
pitora·q, t 1	Föhnorkan vom Inlandeis herunter	*O-Gr:* piteraq
pu·joq, tsut 2	Nebel, Rauch	
qaammat·, ip 1	Mond	
qila·k, ap 1	Himmel	
seq·ineq, ernup 3	Sonne	
seqineq kaavijnnartoq	Mitternachtssonne	
sialu·k, ip 1	Regen	

Eis & Schnee

Z. B. von iigarpoq *gibt es die* -toq-*Form* iigartartoq *„regelmäßig kalbender (Gletscher)".*

Es gibt eine ganze Reihe von Grundwörtern für Eis und Schnee, allerdings keine Hunderte. Sie können mit Suffixen zu fein differenzierten Ausdrücken erweitert werden: daher kommt die nicht ganz richtige (und nicht ganz falsche) Behauptung, Grönländisch habe Hunderte von Wörtern für Eis und Schnee.

Schnee	
aperlaa·q, **t** 1	frisch gefallener Schnee
apivoq s	es schneit (und bleibt liegen)
apusine·q, **rit** 3	Schneeverwehung
aput·, **it** 1	gefallener Schnee auf dem Boden
aqillutt·oq, **ut** 1	wassergesättigter, tauender Schnee
ilagiumaneeruppoq tt	ist draußen im Schnee; übertragen: hat Probleme
imaliliorpoq t	es fällt nasser Schnee
manngerta·q, **p** 1	verharschter, harter Schnee
naterna·q, **t** 1	Schneeverwehung auf dem Boden
niffa·q, **t** 1	aufgeschaufelter Schnee
nittaala·q, **t** 1	fallender Schnee
nittaalarpoq t (NG)	es schneit so, dass man kaum noch was sieht
oqquisartorne·q, **rit** 3	Schnee in Vertiefung
pers·oq, **up** 1	Schneetreiben
puka·k, **at** 1	vereiste Schneekruste
qani·k, **it** 1	große fallende Schneeflocke
qannerpoq t (SG)	es schneit so, dass man kaum noch was sieht
sullarne·q, **rit** 3	hereingewehter Schnee
teqqiinnga·q, **t** 1	überhängender Schnee

Eis	
aakkarne·q, **rit** 3	durch Strömung zerbrochene Eisdecke
iigarpoq t	Eis bricht vom Gletscher ab (kalbt, auch: **uukkarpoq**)
il·oq, **ut** 1	Eisblume
iluli·aq, **ssat** 2	Eisberg
iluliusa·q, **t** 1	kleinerer Eisberg
kan·eq, **ip** 1	Tau, Raureif
kass·oq, **ut** 1	blau schimmerndes Eisstück
kinnertat Mz 1	zusammengefrorene Eisstücke, auch: **tigunnerit, qerutit**
kusu·gaq, **kkat** 2	Eiszapfen
maniillat Mz 1	Packeis, zusammengeschobene Eisplatten
meqqutaasat Mz 1	Eisnadeln
naggutit Mz 1	zerbrochene Meereisdecke
napajunga·q, **t** 1	Eisspitze auf einem Eisberg
nataqqorna·q, **t** 1	Hagel
nila·k, **at** 1	Eis aus Süßwasser
nutarne·q, **rit** 3	neues Eis, einen Sprung im alten Eis verheilend
pueqq·oq, **ut** 1	fürchterliche Saukälte
puineq	Eis auf fließendem Wasser auch: **seersinneq**
putsinne·q, **rit** 3	neues Meereis auf älterem
puugutaasat Mz 1	Tellereisschollen (mit pizzaartig erhöhtem Rand), auch: **plluusat**
puuttaa·q, **t** 1	Eisscholle
qaqunna·k, **ap** 1	dicker Raureif
qerruppoq tt	ist fest/steifgefroren; hat Frostbeulen
qillili·aq, **ssat** 1	blankes Eis ohne Schneebedeckung
qin·oq, **ut** 1	Eisbrei auf dem Meer
quasa·k, **at** 1	Glatteis
serm·eq, **it** 1	Gletscher
Sermersu·aq, **up** 3	das Inlandeis

sikkorluppoq tt	es ist nicht tragfähiges Eis
sikkorippoq ts	es ist gutes, tragfähiges Eis
sikualuit Mz 1	kleine Eisstückchen
siku·aq, **ssat** 1	frisch gebildetes Eis
sikuiuits·oq, **ut** 1	Eismeer
sikuli·aq, **ssat** 1	neues, dünnes, nicht begehbares Eis; Speiseeis
taqallu·k, **it** 1	Vertiefung im Schnee voll Wasser und Eis
tuaa·q, **t** 1	am Strand liegendes Eis, auch: **tullut**

Übernachtung

Es gibt Hotels unterschiedlicher Kategorien, Seemannsheime und Jugendherbergen, letztere werden oft von Dänen, Spaniern etc. betrieben. Schaffarmen außerhalb von Ortschaften bieten ebenfalls Möglichkeit zur Übernachtung. Sie werden nicht selten von älteren Grönländern mit knappen Fremdsprachenkenntnissen bewohnt. Hier kann man sein Grönländisch mit am besten üben.

Su|mi unnui|sinnaa|vunga / unnui|sinnaa|vugut?
was-in übernachten-können-ICH? / ...-WIR?
Wo kann ich / können wir übernachten?

Suli ini|ssa|qarpa?
noch Zimmer-ZUK-gibt_es?
Hast du noch ein Zimmer frei?

Ini|ssa|qa|nngila|q.
Zimmer-ZUK-haben-nicht-ES
Es ist alles besetzt.

Inniminne|e|reer|punga.
reservieren-ETWAS-VERG-ICH
Ich habe reserviert.

Unnuk ataaseq / unnu|t marluk unnui|ssaa|gut.
Nacht eins / Nacht-Mz zwei übernachten-ZUK-WIR
Wir bleiben eine Nacht (zwei Nächte).

Ini|ssar|sior|punga ullaakkorsior|fi|ssa|lim|mik.
Zimmer-ZUK-suchen-ICH frühstücken-Ort-ZUK-versehen_mit-INSTR
Ich möchte ein Zimmer mit Frühstück.

Ini|ssaq taku|sinnaa|vara?
Zimmer-ZUK sehen-können-ICH_ES?
Kann ich das Zimmer sehen?

Nassata|kka toqqor|sinnaa|vakka?
Gepäckstück-meine(Mz) aufbewahren-können-ICH_SIE?
Kannst du mein Gepäck aufbewahren?

Übernachtung

Ini|ssaq qanoq ake|qa|ssa|va?
Zimmer-ZUK wie Preis-haben-ZUK-ES?
Wie viel kostet das Zimmer?

Qassinut ullaakkorsior|tar|pat / unnukkorsior|tar|pat?
wann frühstücken-GEWÖHNL-SIE? / abendessen-GEWÖHNL-SIE?
Wann ist das Frühstück / Abendessen?

Nalunaaqutaq arfineq-marlu|nut itersar|sinnaa|vinga?
Uhr sieben-zu(ALL Mz) wecken-können-DU_MICH?
Kannst du mich um 7 Uhr wecken?

Aqagu aallar|niar|punga.
morgen abreisen-fest_vorhaben-ICH
Ich möchte morgen abreisen.

Ullu|t marluk qaangi|u|ppa|ta uti|ssaa|nga.
Tag-Mz zwei vorbeigegangen-sein-WENN-SIE zurückkehren-ZUK-ICH
Ich komme in zwei Tagen zurück.

...-mik pi|sariaqar|punga.
-INSTR etwas-brauchen-ICH
Ich brauche ...

Torersaa|laar|niar|it! / Aasa|a|laar|niar|it!
ordnen-wenig(BITTE)-fest_vorhaben-DU! / wischen-etwas-(A!)...
Bitte mach ein wenig sauber / wisch einmal durch!

Matuersaat katap|para.
Schlüssel verlieren-ICH_IHN
Ich habe den Schlüssel verloren.

Zelten

Sumiluunniit tuper|sinnaa|vunga?
irgendwo zelten-können-ICH?
Kann ich hier irgendwo zelten?

-luunniit „oder“ bedeutet auch „irgend-“: daher **sumiluunniit** „irgendwo“.

Ipperna|ar|saat pi|sariaqar|tip|para.
Mücke-entfernen-Mittel etwas-benötigen-betroffen-ICH_ES
Ich brauche etwas gegen Mücken.

Ipperna|nut nitse|qar|pit?
Mücke-zu(ALL Mz) Netz-haben-DU?
Hast du ein Mückennetz?

Anartarfik ator|sinnaa|vara?
WC gebrauchen-können-ICH_ES?
Darf ich das WC benutzen?

Gassi|mik / Spritti|mik / Binsiini|mik / Pitruuliu|mik tuni|si|sar|pit?
Gas-INSTR / Spiritus-INSTR / Benzin-INSTR / Petroleum-INSTR verkaufen-etwas-GEWÖHNL-DU?
Verkaufst du auch Gas / Spiritus / Benzin / Petroleum?

Essen & Trinken

Obwohl die Auswahl etwas begrenzter ist, gibt es in größeren Ortschaften schöne Restaurants und gemütliche Kneipen.

Die Ez ullaakkorsiut *bedeutet merkwürdigerweise Radieschen.*

ullaakkorsiutit Mz		Frühstück
ulloqeqqasiutit Mz		Mittagessen
unnukkorsiutit Mz		Abendessen

Um daraus ein Verb zu machen, ersetzt man -siutit *durch* -siorpoq: ullaakkorsiorpoq *frühstückt.*

Kaffi|so|riartor|ta! / Paaja|to|riartor|ta!
Kaffee-trinken-gehen_um_zu-lass_uns! / Bier-trinken ...
Gehen wir auf einen Kaffee / ein Bier!

Die Endung **-ta** entspricht „lass uns ...“.

Ataasi|nnguar|to|riartor|ta!
eins-klein-trinken-gehen_um_zu-lass_uns!
Gehen wir einen kleinen heben!

Saqi|soq!
umhergehen-NOM
Kellner / Ober!

Tassani issia|so|qanngila?
hier sitzen-NOM-gibt_es_nicht?
Sitzt hier jemand?

Achtung, verneinte Frage! Aap/Suu = *es sitzt niemand da!*

Nerisassat allas|sima|ffi|at qaa|laar|uk.
Gericht(ABH Mz) schreiben-VERG-Ort-ihre komm'-wenig(BITTE)-DU_IHN!
Bring bitte die Speisekarte.

Qaa|laa|ruk.
komm-wenig(BITTE)-DU_ES!
Höfliche Bitte, etwas zu bringen.

Bestiile|rusup|pugut.
bestellen-mögen-WIR
Wir möchten gerne bestellen.

Neqe|qa|nngi|tsu|mik nerisassa|qarpa?
Fleisch-haben-nicht-NOM-INSTR Gericht-gibt_es?
Hast du auch vegetarische Gerichte?

-to|rusup|punga.
-essen/trinken-mögen-ICH
Ich hätte gerne ...

Neri|lluar|isi.
essen-gut_machen-IHR!
Guten Appetit!

-raajuk *kommt von* -gaa/-raa, *das an Verben „hält es für ...“ bedeutet. Es ist verkürzt aus* -rivajuk *„hältst du es für ...“.*

Mama|raa|juk?
schmackhaft-halten_für-DU_ES?
Hat es geschmeckt?

Tass' mamaq!
das_is' gut_schmeck'
Das ist eine Delikatesse!

Tass' *und* mamaq *sind Abkürzungen, die die tägliche Umgangssprache so gerne macht.*

Sioraasat / Tarajuusivik / Qasilitsulivik qaa|laar|uk.
Zucker(Mz) / Salzstreuer / Pfefferstreuer komm'-wenig(BITTE)-DU_ES!
Reich mir bitte den Zucker / das Salz / den Pfeffer.

Regningi pi|sinnaa|vugut?
Rechnung etwas_bekommen-können-WIR?
Können wir die Rechnung bekommen?

Getränke

„Nur“ im Deutschen bleibt oft unübersetzt. -innaq *entspricht ihm nicht immer.*

Arlaa|nik najorsi|nia|ssa|agut.
eines_davon-INSTR
etwas_trinken-fest_vorhaben-ZUK-WIR
Wir möchten (nur) etwas trinken.

Tii|mik ataatsi|mik kaffi|nil|lu marlun|nik pi|sinnaa|vugut?
Tee-INSTR eins-INSTR Kaffee-INSTR(Mz)-und zwei-INSTR(Mz) etwas_bekommen-können-WIR?
Bring uns bitte eine Tasse Tee und zwei Tassen Kaffee.

<table>
<tr><td>imeru|er|saat|i|ssat 1 Mz
durstig_sein-entfernen-Mittel-BV-ZUK(Mz)</td><td>Getränk</td></tr>
<tr><td>ime|ruppoq tt
Wasser-hat_Verlangen_nach</td><td>ist durstig</td></tr>
<tr><td>imi|gassa·q, t 1
trinken-etwas_zum</td><td>alkoholisches Getränk</td></tr>
<tr><td>aalakoor|nartor|ta|qa|nngi|tsoq
berauscht_sein-veranlassen-Anteil-haben-nicht-NOM</td><td>alkoholfrei</td></tr>
<tr><td>imigassar|tor|ti|tsi|ne·q, rit 3
Getränk-trinken-JEMANDEN-veranlassen-HW</td><td>Alkoholausschank</td></tr>
<tr><td>immia|a·raq, qqat 2
Bier-junges</td><td>leichteres Bier</td></tr>
<tr><td>immia·q, ssat 2</td><td>Bier</td></tr>
</table>

Vollmilch: immuk kimittuneq

das d wird nicht gesprochen

kein Wasser

immu·k, **it** 1	Milch
kaffi·, **t** 1	Kaffee
mineralvandi·, **t** 1	Mineralwasser
nillorut·, **it** 1	Eiswürfel
safti·, **t** 1	Fruchtsaft
sodavandi·, **t** 1	Cola, Limonade
tii·, **t** 1	Tee (Aussprache [tsii])

Wenn mal was nicht so ist, wie es soll ...

Mattusuu|juvoq. / Niller|poq. / Aapaartu|uvoq.
zäh-ist / kalt_sein-ES / nicht_gar-ist
Es ist zu zäh / kalt / nicht gar!

Nerisassa|ra tiki|nngila|q.
Gericht-mein angekommen_sein-nicht-ES
Ich habe mein Gericht noch nicht bekommen.

Utoqqatser|punga, ...-qa|nngila|nga.
s.entschuldigen-ICH ...-haben-nicht-ICH
Entschuldigung, es fehlt ....

Akiligassat ilua|nngi|tsu|soraa|ra.
Rechnung richtig_sein-nicht-NOM-glauben_dass-ICH_ES
Ich glaube, die Rechnung stimmt nicht.

Ataatsi|mik sodavande|qar|pugut.
eins-INSTR Mineralwasser haben-WIR
Wir hatten (nur) ein Mineralwasser.

Manchenorts ist die Versorgung mit Frischmilch leider nicht so gut. Dafür gibt es überall immuit panertut *Mz „Trockenmilchpulver" (wer's mag ...).*

Ein Sammelwort für Besteck gibt es nicht.

Das d *des dänischen Wortes* sodavand *wird nicht gesprochen, nur geschrieben, deshalb ist es hier grau. Im Grönländischen endet das Wort auf* -i: sodavandi.

Kalaalimineq - Grönländische Lebensmittel

In gewissem Umfang hat sich die traditionelle grönländische Ernährung erhalten. Sie bestand im wesentlichen aus Fleisch von Meeressäugern, Fisch, Vögeln, Ren und Moschusochsen. Gemüse, Obst (außer Angelica, Tang, Beeren) und Gewürze (insbesondere Salz) waren ursprünglich unbekannt. Heute bedeutet das **kalaali|mineq** in erster

In der folgenden Übersicht über die heutige grönländische Küche gebe ich bei einigen die Form mit dem angehängten „sein(e)", z. B. kujaa *„seine Niere", da sie in Zusammensetzungen vorkommt.*

kalaali|mineq *wörtl. „Stück vom Grönländer"* kalaali|mine|erniar|fik *Grönländer-Stück-verkaufen-Ort*

Linie das Bewahren der kulturellen Wurzeln. Auf dem grönländischen Markt **kalaali|mine|erniar|fik** sowie in Läden gibt es solche Lebensmittel zu kaufen.

kujaa

nikkua, *Mz* nikkui

quttoraa

tingua

Neqi	Frisches Fleisch, nicht vom Fisch
kuja·k, at 1	Niere
nersuteer·aq, qqat 2	Kalb
nikku·, t 1	Trockenfleisch
puuluki·, t 1	Schwein
qutto·raq, qqat 2	Keule, Schinken
savaa·raq, qqat 2	Lamm
tingu·k, it 1	Leber
ussi·k, it 1	Ochse

Für Ausdrücke wie z. B. Ochsenfleisch verbindet man den ABH mit **neqaa** „sein Frischfleisch", z. B. **ussiup neqaa**, oder **nikkua** „sein Trockenfleisch": **tuttup nikkua** „getrocknetes Rentierfleisch". Zusammensetzungen werden auch mit **kujaa**, **quttoraa** usw. gebildet, oder mit **-mineq** „Stück von": **puulukimineq** „Schweinefleisch".

Suum|una neqa|a?
wessen-das_ist Fleisch-seines
Was für ein Fleisch ist das?

auch: Seesaibling

nerpia

Aalisagaq	Fisch
ammassa·k, at 1	Lodde, Kapelan
eqalu·k, it 1	Lachsforelle
kana·joq, ssut 2	Seeskorpion
nerpi·k, it 1	Fischfilet, -fleisch

nipisa·q, **t** 1	Steinbeißer	
qalera·lik, **llit** 2	Schwarzer Heilbutt	
qee·raq, **qqat** 2	Meerkatze	
saarulli·k, **it** 1	Dorsch, Kabeljau	
suaat Mz 1	Rogen	suai *Mz*
suluppaa·gaq, **kkat** 2	Großer Rotbarsch	
uugaq/uuaq, **uukkat** 2	Ogac, eine Dorschart	

Meeressäuger		
matta·k, **at** 1	Walhaut	
nats·eq, **iit** 3	Ringelrobbe	*ABH:* iup
natsersu·aq, **it** 3	Klappmütze	
ors·oq, **ut** 1	Speck	orsua
qilalu·gaq, **kkat** 2 **qernertaq**	Narwal	
qilalu·gaq, **kkat** 2 **qaqortoq**	Beluga	
qipo·raq, **qqat** 2	Bauchstück v. Bartenwal	qiporaa
sarpi·k, **it** 1	Schwanzflosse vom Wal	sarpia
taler·oq, **ut** 1	Seitenflosse	talerua
tikaagulli·k, **it** 1	Zwergwal	

Sonstiges vom Wasser	
assagiarsu·k, **it** 1	Krabbe
kissavaasa·q, **t** 1	Kammuschel
miteq, **meqqit** 3	Eiderente
qilannga·q, **t** 1	Papageientaucher
uiluiit Mz 1	Austern

ilussai Mz 1	Beilage
kinguleqqiut·, **it** 1	Dessert
miseraq, **qqat** 2	Soße
siuleqqiut·, **it** 1	Vorspeise

Zubereitungsarten	
(maskiinamik) panert·oq, **ut** 1	(maschinen)getrocknet (auch: **panertitaq**)
amii·gaq, **kkat** 2	gehäutet, in Stücken (von: **amelerpaa** „entfernt die Haut“)
aserorta·q, **t** 1	zerstört, gehackt (Fleisch)
kitsi·gaq, **kkat** 2	in Scheiben
niaqoqanngits·oq, **ut** 1	ohne Kopf (Fisch)
nillataartumiitinneqassaa·q, **t** 1	Tiefkühlware
ooqanngits·oq, **ut** 1	roh (Fleisch)
pujuu·gaq, **kkat** 2	geräuchert
qeris·oq, **ut** 1	gefroren
qua·q, **p** 1	gefrorenes/r Fleisch/Fisch
seernartuli·gaq, **kkat** 2	mariniert (auch: **marinerersaq/marinerigaq**)
siataq/siatassiat	gebraten (**siappaa** brät es)
suaasaliassaq	Zutaten für die traditionelle **suaasat**-Suppe
sualli·k, **it** 1	mit Rogen
uu·taq, **ttat** 1	allg. warm zubereitet
uullia·q, **t** 1, **uullisaq**	kochfertig geschnitten (von: **uullivoq** schneidet es)
uusoq, **uusuliaq**	gekocht (**uuppaa** kocht es)

-liugassaq ist fertige (Tiefkühl)Kost. **Lasagnialiugassaq** ist z. B. eine „zukünftig fertiggemachte Lasagne“, die man also nur noch aufwärmen muss.

Suaasat (Mz) ist eine Suppe mit Reis, Gemüse, Zwiebeln und separatem (meist Robben-) Fleisch.

Weniges an Obst und Gemüse hat grönländische Namen, sondern dänische wie **banani**, **appelsiina**, **kartoffeli**, (Mz immer auf **-t**).

Obst und Gemüse		
gulerodit, guuluruujut Mz 1	Gelbe Rüben	
iipili·, **t** 1	Apfel	
kimmerna·q, **t** 1	Preiselbeere	
kuann·eq, **it** 1	essbare Angelica	kuann·eq = *von den Wikingern stammendes Wort* hvönn
naatsiia·q, **t** 1	Kartoffel	*wörtl. „was man wachsen lässt"*
paarna·q, **t** 1	Schwarzbeere	
sulluits·oq, **ut** 1	essbarer Tang	
tupaarna·q, **t** 1	Arktischer Thymian	
uanits·oq, **ut** 1	Zwiebel	

Brot, Butter und alles dazu		
iffia·q, **t** 1	Roggenbrot (SG)	
iffiaq-qaqortoq	Weißbrot	*auch:* qaqortuli·aq, t *2*
iffiu·gaq, **kkat** 2	Backwerk	
qaqortuliaq qallersugaq	belegtes Weißbrot	
qitoqqu·taq, **ttat** 2	ein halbierter (Laib)	
timiusia·q, **t** 1	Roggenbrot	*NG;* liggaliaq *bei Sisimiut*
igutsaap tungusunnitsuutaa	Honig	
immi·gaq, **kkat** 2	Rollwurst aus Lammfleisch	*auch* rullepølse
immussu·aq, **it** 3 (**kitseriigaq**)	(Scheiben)Käse	
mamalaa·q, **t** 1	Marmelade	*wörtl. „bisschen gutschmeckend"*
punne·q, **rit** 3	Butter	
qallersuutissat Mz 1	Brotbelag	

	qallersuutissia·q, **t** 1	Schnittwurst
	tunn·oq, **ut** 1	Talg vom Ren
	manni·k,it 1	Ei
klingt fast wie [pølsi]	**pølse, pølsit** 1	Würstchen
	qajuusat Mz 1	Weißmehl
	qaqorteqqasut Mz	Reis
Stück Zucker: sukku	**sioraasat** Mz 1	Zucker
	suaasat Mz 1	Reis

-lik *heißt „versehen mit", z. B.* immussuaqlik *„mit Käse"*

Mehl, Zucker usw. steht deswegen in der Mz, weil es einzelne Körner sind (wie wir ja auch „Nudeln" sagen). Daher **kaffit** Mz = Kaffepulver/bohnen, während **kaffi** = Kaffee als Getränk.

Qanerissaat   Was Süßes nach dem Essen

	kaagi·, **t** 1	Kuchen
wörtl. „Kuchenjunges"	**kaagia·raq**, **qqat** 2	Keks
	mamakujuit Mz 1	Süßigkeiten
	siku·, **t** 1	Speiseeis
	sukkulaati·, **t** 1	Schokolade

-guppoq [**tt**] bedeutet „Verlangen haben nach ...", z. B. **sukkulaatiguppoq** „hat Lust auf Schokolade". Ich bin ein **sukkulaatiguttorsuaq** (besonders beim Schreiben eines Grönländisch-Sprachführers).

Einkaufen

In ganz Grönland bieten Supermärkte europäische/dänische Lebensmittel an. Daneben gibt es die Möglichkeit, frischen Fisch, Robben- und Rentierfleisch, Walhaut usw. auf dem grönländischen Markt zu bekommen.

Kalaalimineerniarfik - Der grönländische Markt

Kalaalimineerniarfik ist oft nur ein kleiner, überdachter Tisch. Die Marktzeiten sind unterschiedlich je nach Fangergebnis.

Seien Sie mit rohem Fleisch oder Fisch etwas vorsichtig wegen der Trichinengefahr.

Mattam|mik neri|sima|nngisaannar|punga.
Walhaut-INSTR essen-VERG-niemals-ICH
Ich habe noch nie Mattak (Walhaut) gegessen.

Ooqattaar|sinnaa|vara?
versuchen-können-ICH_ES?
Kann ich das mal probieren?

Immanngua|annaq.
wenig-nur(A!)
Nur ein kleines Stück.

Im Laden und Supermarkt

Auch die Öffnungszeiten sind abends teilweise kürzer als bei uns, am Sonntag ist meist alles zu.

Die Auswahl in den unterschiedlich großen Supermärkten ist bisweilen begrenzt und Nachlieferungen können auf sich warten lassen. Alkoholische Getränke gibt es ausschließlich an eigenen Ständen neben den Bäckereien und Zeitschriftentheken.

Beim Wort „kaufen“ muss man unterscheiden:
1. **...+mik pisivoq** etwas (unbestimmt) kaufen, z. B. **saarullinnik pisivoq** kauft Dorsche
2. **pisiarivaa** kauft es, kauft das ... (bestimmt), z. B. **illu pisiarivaa** kauft das Haus

Su|mi ...-si|sinnaa|vunga?
was-in(LOK) ...-kaufen-können-ICH?
Wo bekomme ich ...?

...-mik tuni|laa|nnga.
... (INSTR) geben-wenig(BITTE)-DU_MIR!
Gib mir bitte einen / eine / ein ...

Allanartut	aus fremden Ländern, Gewürze
Immiaaqqat imigassallu kimittuut	Bier und alkoholische Getränke
Kaffit, Tiit, Viinit	Kaffee, Tee, Wein
Kioski	Kiosk
Nillataartut	Tiefkühlkost
Saftit	Säfte
Paarnat - Naatitat	Obst - Gemüse
Neqeroorutit	Sonderangebote
Uffarnermi atortut	Fürs Badezimmer
Nangertut serviettillu	Windeln und Servietten
Imigassat sakkortuut	Hochprozentige alkoh. Getränke
Puuiaasat utertitat	Flaschenrückgabe

Atisaarniarfik	Kleidung
Atortussaarniarfik	Eisenwaren
Atuagaarniarfik	Buchhandlung
Iffiorfik	Bäckerei
Imigassaarniarfik	Getränkemarkt
Isaruaarniaq	Optiker
Neqaarniarfik	Metzgerei

auch: Baumarkt

Alle Wörter auf -fik *1 haben Mz auf* -fiit.

Hof|i|t arfinillit puussiar|lu.
Hof-BV-Mz sechs Tüte-und
Sechs „Hof" in der Tüte.

Bier wird im Sechserpack verkauft.

Tupilak & qiperugaq: Souvenirs

Beliebte Souvenirs sind Schnitzereien (**qiperugaq** „Geschnitztes") aus Elfenbein verschiedener Tiere. Kontrollierte Jagd ist erlaubt, um den letzten Jägern die Bewahrung der Inuitkultur zu ermöglichen. Sie benötigen jedoch unbedingt eine Ausfuhrbescheinigung (CITES-Bescheinigung) und das Produkt muss in Liste II oder III (*nicht* Liste I) aufgeführt sein.

Ein Tupilak *ist heute eine Schnitzfigur, die einen Geist darstellen soll. Früher waren Tupilaks kleine Bündel aus verschiedenen tierischen Materialien, die dem Empfänger den Tod bringen sollten.*

am·eq, it 1	Fell
qulleq orsutortoq	Tranlampe
qiperorpaa [**qiperuivoq**]	schnitzt es (**-mit** aus)
soqqa·q, at 2	Walbarte, Walknochen
tupila·k, at 1	Tupilak
tuugaa·q, t 1	Stoßzahn
ukkusissa·q, t 1	Speckstein
ulu·, t 1	halbmondförmiges Schabemesser

sein Fell: amia

z. B. aus Speckstein, Mz: qulliit *3*

sein Stoßzahn: tuugaava

O-Gr: sakkeq

Qassinut amma|sar|pa?
wann öffnen-GEWÖHNL-ER?
Wann hat er gewöhnlich auf?

Ullu|mi / Aqagu amma|ssa|va ?
Tag-in(LOK) / morgen offen_sein-ZUK-ES?
Ist heute / morgen geöffnet?

Qanoq ake|qa|ssa|va?
wie Preis-haben-ZUK-ES?
Wie viel soll es kosten?

Für die dänische Landeswährung Krone hört man auch kroo *oder* koruuni.

Kiilu|mut 40 krone|qar|poq. Pi|ssa|viuk?
Kilo-zu(ALL) 40 Krone-haben-ES etwas_nehmen-ZUK-DU_ES?
40 Kronen pro Kilo. Möchtest du es?

Aki|kinneru|su|mik pe|qa|nngila|tit?
Preis-weniger-NOM-INSTR etwas-haben-nicht-DU?
Hast du nichts billigeres?

Kreditkorti|kkut akiler|sinnaa|vunga?
Kreditkarte-über(VIA) bezahlen-können-ICH?
Kann ich mit Kreditkarte zahlen?

Tamarmik qanoq ake|qar|pat?
alle wie Preis-haben-SIE?
Wie viel kostet das alles zusammen?

Ataatsi|mik normu|mik anneru|su|mik / minneru|su|mik pe|qarpa?
eins-INSTR Nummer-INSTR größer-NOM-INSTR / kleiner-... etwas-gibt_es?
Hast du das eine Nummer größer / kleiner?

Katersortarfik - Das Versammlungshaus

Das Versammlungshaus ist manchmal die einzige Alternative bei schlechtem Wetter zu Unternehmungen im Freien. Im Sommer allerdings sind sie oft zu.

Katersor|tar|fim|mi so|qassava?
s.versammeln-GEWÖHNL-Ort-in(LOK) was-wird_es_geben?
Was gibt es im Katersortarfik?

Isiginnaar|titsi|sso|qarpa?
zuschauen-jemand_veranlassen-ERGEBNIS-gibt_es?
Gibt es eine Theateraufführung?

-sso kommt vom Suffix **-ssut**, das oft das Ergebnis einer Handlung beschreibt, z. B. von **tuni|vaa** „gab ihm“: **tuni|ssut** „Geschenk“.

Su|mi billetsi|si|sinnaa|vunga?
was-in(LOK) Karte-kaufen-können-ICH?
Wo kann ich Karten bekommen?

Aasa|a|ner|ani matoqqa|neq / Matoqqa|galla|ssaa|q.
Sommer-sein-HW-in_seinem(LOK) verschlossen_sein-HW / verschlossen_sein-vorübergehend-ZUK-ES
Schließung während des Sommers. / Vorübergehend geschlossen.

Fotografieren

Übrigens: Grönländer sind ausgesprochen kinderfreundlich!

Beim Fotografieren gilt wie überall: erst fragen. Grönländer lassen sich mit den oft zahlreichen Kindern schon mal gern fotografieren. Schicken Sie doch ein Foto zu!

Assilii|sinnaa|vassi?
abbilden-können-ICH_EUCH?
Darf ich ein Foto von euch machen?

-us- *kommt vom schwierigen Suffix* -(ss)uppaa. *Es bedeutet in etwa „zum Sprecher" etwas tun, also „mir".*

Aqqi|t najukka|l|lu tuni|us|sinnaa|viuk taava nassi|ssa|vakkit.
Name-dein Adresse-dein-und geben-ZU(MIR)-können-DU_ES dann senden-ZUK-ICH_DIR
Geben Sie mir bitte Ihre Adresse, dann sende ich es Ihnen zu.

Assi|lissa|t qaqugu ini|ssap|pat?
Bild-gemachte-Mz wann fertig_sein-ZUK-SIE?
Wann sind die Bilder fertig?

Una ingerla|nngila|q / aseror|poq.
das_hier s.bewegen-nicht-ES / kaputt_sein-ES
Das hier klemmt / ist kaputt.

Iluarsar|sinnaa|viuk?
reparieren-können-DU_ES?
Kannst du das reparieren?

Nutaa|nik batteri|ler|sinnaa|viuk?
neu-INSTR Batterie-versehen_mit-können-DU_ES?
Kannst du mir das mit neuen Batterien versehen?

Polizei

Grönland birgt leider keine heile Welt. Gewalt innerhalb der Familie, Alkoholismus und Arbeitslosigkeit sind die Schattenseiten der grönländischen Gesellschaft. Besonders an Wochenenden, wo der Lohn ausgezahlt wird, steigt der Alkoholkonsum.

Solange man sich aber von Betrunkenen fernhält, hat man eigentlich nichts zu befürchten.

... nalunaarutiga|ra.
melden-ICH_ES
Ich will ein(en) ... melden.

tillinne·q, **rit** 3	Diebstahl
saassussine·q, **rit** 3	Überfall
ajunaarut·, **it** 1	Verlust

... katap|para.
... verlieren-ICH_ES
Ich habe ... verloren.

... tillif|figi|tip|punga.
... stehlen-jemandem_antun-betroffen_sein-ICH
Mir wurde ... gestohlen.

Saassun|neqar|punga.
überfallen-werden(Passiv)-ICH
Ich wurde überfallen.

Kannguttaal|lior|figi|neqar|punga.
unverschämt_sein-machen-antun-werden(Passiv)-ICH
Ich wurde belästigt.

Die Silbe -al- *in* kannguttaalliorfigineqarpunga *ist das Suffix* -ip- *„ist nicht, ist un-...“, das nach* kangutta- *zuerst zu* -ap- *wurde (A!). Daran kam noch verschmelzendes* -lior-*:* kanngutta|ap + lior*:* kannguttaallior-. *Das Suffix* -figi- *(von* -figivaa*) bedeutet, dass das Ganze demjenigen angetan wurde, der in der Endung steckt, hier* -punga = *ich.*

Qanin|niar|neqar|punga.
nahesein-fest_vorhaben-werden(Passiv)-ICH
Ich wurde bedrängt.

Qimmi|p kii|vaanga / saassup|paanga.
Hund-ABH beißen-ER_MICH / angreifen-ER_MICH
Der Hund hat mich gebissen / angegriffen.

Politi|nut nalunaarut|i|gi|ssa|vakkit.
Polizei-zu(ALL Mz) Meldung-BV-tun_bezüglich-ZUK-ICH_DIR
Ich werde dich bei der Polizei anzeigen.

Eqqissiniarit!
Gib Ruhe!

Ikiortissamik!
Hilfe!

Post, Bank & Telefon

Im Geldautomat kommen folgende Meldungen – sollte er nicht auch englischsprachig sein.

In diesen Bereichen kommen Sie meist mit Englisch und immer mit Dänisch durch, ja Sie können hier sogar auf nicht-grönländischsprachiges Personal treffen.

KORTI IKKUGUK.	Karte einführen.
KODET NAQIGUK, GODTKENDT TOORUK.	PIN eingeben, GODTKENDT drücken.
ANINGAASAT TIGUNIAKKAVIT NALAA TOORUK.	Gewünschten Geldbetrag eingeben.
UTAQQIGIT.	Warten.
EQQAAMAKKIT ANINGAASAT ALLAGARTAALLU.	Quittung nicht vergessen.

euro·, **t** 1	Euro
aningaasanik tigusivoq	hebt Geld ab
pengeautomati·, **t** 1	Geldautomat
allakkerivi·k, **it** 1	Post
internettilik cafe	Internetcafé
mobili·, **t** 1	Mobiltelefon

Allakka|nut nakkartitsi|sar|fik naak?
Brief-zu(ALL Mz) einwerfen-GEWÖHNL-Ort wo-ist?
Wo ist ein Briefkasten?

Su|mi siani|ssinnaa|vunga?
was-in(LOK) telefonieren-können-ICH?
Wo kann ich telefonieren?

... oqalo|qatigi|laar|sinnaa|vara?
... sprechen-gemeinsam_tun_mit-wenig(BITTE)-können-ICH_IHM?
Kann ich mit ... sprechen?

Siane|qqi|ssaa|nga.
anrufen-wieder-ZUK-ICH
Ich rufe nochmal an.

Oqar|figi|laar|uk siane|qqu|llu|gu.
sagen-tun_bezüglich-wenig(BITTE)-DU_IHM anrufen-bitten-GLEICHZ-IHN
Sag ihm/ihr bitte, dass er/sie zurückrufen soll.

Normu|ga tassa ...
Nummer-meine das_ist ...
Meine Nummer ist ...

Alle Wörter der IT-Welt stammen aus dem Englischen und erhalten meist ein **-i** angehängt. Dennoch haben sich einige grönländische Bezeichnungen eingebürgert.

auch: computeri	**qarasaasia·q**, **t** 1	Computer
	nittarta·gaq, **kkap** 2	WWW
	internetti·, **t** 1	Internet
auch: weblink	**nittartakkap adressia·**, **i** 1	Internetadresse,
	internettikkoorpoq t	surft im Internet
	e-maili·, **t** 1	E-mail
	e-mailimi naju·gaq, **kkat** 2	E-mail-Adresse
	e-mailimik nassitsivoq s	sendet E-mail

E-maili|t pi||lara.
E-mail-deine etwas_geben-mal_DU_ES!
Gib mir doch mal deine E-Mail-Adresse.

Krank sein

Mögen Sie folgende Sätze nie gebrauchen müssen!

Ajoquser|punga.
zu_Schaden_kommen-ICH
Ich hatte einen Unfall.

Nakorsaq qaa|qqu|palla|guk! /
Politii|t qaa|qqu|palla|kkit!
Arzt komm'-bitten-schnell-DU_IHN /
Polizist-Mz komm'-bitten-schnell-DU_SIE
Hol sofort einen Arzt (die Polizei)!

Inuk ataaseq ikiliga|avoq. / Ikiliga|qarpoq.
Mensch einer Verletzter-ist (A!) / Verletzter-es_gibt
Es gibt einen Verletzten.

Nakkakattar|to|qarpoq.
hinunterfallen-NOM-es_gibt
Es ist jemand abgestürzt.

Kinngu|voq.
umstürzen-ER
Er ist gekentert.

Siku|kkut nakkar|poq.
Eis-durch(VIA) fallen-ER
Er ist durch das Eis gebrochen.

Isip|poq.
ins Wasser_fallen-ER
Er ist ins Wasser gefallen.

Krankheit

Ärztliche Hilfe findet man im **napparsimmavik** „Krankenhaus“, **nakorsiartarfik** „Ärztehaus“ oder **kiguliserjffik** „zahnärztlichen Dienst“.

Nappar|sima|vunga.
krank_werden-VERG-ICH
Ich bin krank.

Nakorsia|ati|laa|nnga.
zum_Arzt_gehen-mit-wenig(BITTE)-DU_MIR!
Bitte bring mich zum Arzt.

-ati- *(A!) kommt auch vom schwierigen Suffix* -(ss)uppoq = *etwas „für/mit jemandem“ tun.*

Naak nakorsaataarniarfik qaninneq?
wo_ist Apotheke nächste
Wo ist die nächste Apotheke?

Tale|ra napi|sima|vara.
Arm-mein brechen-VERG-ICH_IHN
Ich habe mir den Arm gebrochen.

illuppoq tt	ist schneeblind
marniliuuppoq tt	ist entzündet
meriannguvoq s	ihm ist schlecht
niaqorluppoq tt	hat Kopfschmerzen
nualluppoq tt	hat Grippe
pillukarsimavoq s	ist verstaucht, verrenkt
pullappoq tt	ist geschwollen
quersorpoq t	hustet

... annera|ra.
... Schmerz_fühlen_in-ICH_ES
Mir tut ... weh.

Ivikka|nik sapiga|qar|punga.
Gras-INSTR(Mz) Allergie-haben-ICH
Ich bin allergisch gegen Gräser.

Suffixliste

Hier sind fast alle im Buch vorkommenden Suffixe erklärt außer den bereits im Grammatikteil erwähnten, Beugungen sowie Formen wie **-toq**, **-neq** usw.

Ein grönländisches Wort besteht meist aus Grundwort | Suffixe | Beugungsendung (nur in dieser Reihenfolge).

Bei nichtzielenden Verben auf **-oq** folgt in [ ] der Kennlaut der **-toq**-Form bzw. die unregelmäßige **-toq**-Form (z. B. **-erniaq**).

Bei zielenden Verben steht in <> die Form, die deutschem „etwas, jemanden“ entspricht.

In { } gebe ich für einige Suffixe durch Angleichung oder sonstige Regeln etwas veränderte Formen, die vielleicht nicht so leicht erkannt werden.

Die Suffixe auf **g/kk/r** beginnen ohne Ausnahme:

Die Bedeutung der Grundwort-Beispiele können Sie in der Wörterliste nachschlagen.

Z. B. bedeutet -^{v}erpaa *„entfernte es von ihm“, dagegen* -versivoq *„entfernte etwas von ihm“, das* -si- *drückt hier also ein unbestimmtes Etwas aus. Siehe* -i-, -si-.

<table>
<tr><td colspan="2">bei V-Stämmen mit g:</td></tr>
<tr><td>suli|voq „arbeitet“</td><td>suli|gajuppoq „arbeitet oft“</td></tr>
<tr><td colspan="2">bei K-Stämmen mit kk:</td></tr>
<tr><td>sinip|poq „schläft“</td><td>sinik|kajuppoq „schläft oft“</td></tr>
<tr><td colspan="2">bei R-Stämmen mit r:</td></tr>
<tr><td>pulaar|poq „besucht“</td><td>pulaa|rajuppoq „besucht oft“</td></tr>
</table>

Bei zielenden Verben unterstreiche ich das in der Endung enthaltene Ziel: **-lerpaa** „er versieht ihn mit...“; eine andere Endung verändert das Ziel: **-anga** „er->mich“ macht daraus **-lerpaanga** „er versieht mich mit ...“

<table>
<tr><th colspan="3">Suffixe an Hauptwörtern, die wieder Hauptwörter erzeugen</th></tr>
<tr><td>-^{v}araq</b> Mz <b>-^{v}aqqat 2</td><td>Tierjunges; Mini-</td><td>illu|araq Häuschen</td></tr>
<tr><td>-innaq Mz -innaat 3</td><td>nur</td><td>ullu|innaq nur ein Tag {annaq A!}</td></tr>
<tr><td>-koq Mz -kut 1</td><td>ehemalig</td><td>kami|koq ausgelatschter Stiefel</td></tr>
<tr><td>-liaq Mz -lissat 2 / -liat 1</td><td>gemacht</td><td>kaagi|liaq der selbstgemachte Kuchen</td></tr>
<tr><td>-lik Mz -llit 3</td><td>versehen mit</td><td>puisi|lik Ort mit Seehunden {li lim le QR!}</td></tr>
<tr><td>-mineq Mz -mer(g)nit 3</td><td>ein Stück</td><td>matta|mineq Stück Walhaut</td></tr>
<tr><td>+miu Mz -miut 1</td><td>Einwohner</td><td>Nuum|miu Einwohner von Nuuk</td></tr>
<tr><td>-nnguaq Mz -nnguit 3</td><td>klein, niedlich, positiv</td><td>ini|nnguaq gemütliches Zimmerchen</td></tr>
<tr><td>-palaaq Mz -palaat 1</td><td>schlecht, elend, schlimm</td><td>aqquti|palaaq ein schlechter Weg</td></tr>
<tr><td>+^{r}passuit nur Mz 1</td><td>eine große Menge</td><td>inup|passuit eine Menschenmenge</td></tr>
<tr><td>-^{r}suaq</b> Mz <b>-^{r}suit 3</td><td>groß, plump, eher negativ</td><td>ine|rsuaq großes Zimmer</td></tr>
<tr><td>-rujussuaq wie -suaq</td><td>riesengroß</td><td>qimme|rujussuaq riesengroßer Hund</td></tr>
<tr><td>-ssaq Mz -ssat 1</td><td>zukünftig</td><td>ini|ssaq zu beziehendes Zimmer</td></tr>
<tr><td>+taq Mz +tat 1</td><td>Teil bestehend aus</td><td>qisu|taq Holzteil an etwas</td></tr>
<tr><td>+taaq Mz +taat 1</td><td>neu</td><td>ukior|taaq Neujahr</td></tr>
<tr><td>-^{s}toqaq</b> Mz <b>-^{s}toqqat 2</td><td>alt</td><td>illu|toqaq altes Haus</td></tr>
<tr><td>-tsiaq Mz -tsiaat 2</td><td>mittelgroß</td><td>sermi|tsiaq mittelgroßer Gletscher</td></tr>
<tr><td>-usaq Mz -usat 1</td><td>etwas wie ein</td><td>inu|usaq Puppe {asaq A!}</td></tr>
<tr><td>-ut Mz -utit 1</td><td>vorrätig, erworben</td><td>kaffi|ut vorrätiger Kaffee {at A!}</td></tr>
<tr><td>-vik Mz -viit 1</td><td>echt, richtig</td><td>ati|vik der echte Name (kein Kosename)</td></tr>
</table>

Suffixe an Hauptwörtern, die Verben erzeugen		
-^{v}erniarpoq [**^{v}erniaq**]	verkauft	**puise|erniarpoq** verkauft Seehundfleisch {ar- A!}
-^{v}erpaa <**^{v}ersivoq**>	entfernte ... von ihm	**ipeerpaa** entfernte Schmutz von ihm {ar A!}
-gaa/-raa <**ginippoq**>	hat ... als sein	**pani|gaa** es ist seine Tochter {gi}
-gippoq/-rippoq [**gik/rik**]	ist/hat ein gutes, positives	**sila|gippoq** ist schönes Wetter
-kippoq [**ts**]	hat (nur) wenig	**aki|kippoq** „hat wenig Preis“ = ist billig {kin}
-lerpaa <**liivoq**>	versah ihn mit	**kami|lerpaa** versah ihn mit Stiefeln {le li}
-liarpoq [**liaq**]	reist nach	**kangerlu|liarpoq** ist auf dem Weg zum Fjord
-liorpoq, **-iorpoq** [**t**]	stellte ... her	**illu|liorpoq** baute ein Haus
+^{r}luppoq [**^{r}luttoq**]	hat einen schlechten	**kamil|luppoq** hat schlechte Stiefel
+minngaanneerpoq [**s**]	ist aus	**Nuum|minngaanneerpoq** ist aus Nuuk
+miinngivippoq [**ss**]	ist nirgends dort	**sissa|miinngivippoq** ist nirgends am Strand
+mukarpoq [**t**]	bewegte sich in Richtung	**Nuum|mukarpoq** ging nach Nuuk
bei Hauptwort in Mz: **+nukarpoq: qaqqa|nukarpoq** ging zu den Bergen		
-nngorpoq [**t**]	ist ein ... geworden	**nakorsa|nngorpoq** ist Arzt geworden {nngu}
-raarpoq [**t**]	hat ... Stück erhalten	**tallima|raarpoq** hat fünf Stück gefangen
-riarpoq [**riaq**]	hat etwas ...-mal getan	meist in der **lu**-Form: **marlo|riarluni tikippoq** ist zweimal hergekommen
+siorpoq [**t**]	sucht nach; feiert	**juulli|siorpoq** feiert Weihnachten {siu sio}
+sivoq [**s**]	bekommt, kauft; findet, trifft	**inus|sivoq** trifft Leute {se}
+^{s}taarpoq [**t**]	hat neues ... bekommen	**panis|saarpoq** hat eine Tochter bekommen
+^{s}torpoq [**t**]	nimmt ... zu sich; gebraucht	**nakorsaati|torpoq** nimmt Medizin {tu su}

<table>
<tr><th colspan="3">Suffixe an Verben, die Verben erzeugen</th></tr>
<tr><td><b>+figaa</b> <<b>figinnippoq</b>></td><td>tat etwas an ihm</td><td><b>oqar|figaa</b> sprach mit ihm {ffigi figa figi}</td></tr>
<tr><td>$^{-g,kk,r}$ajuppoq [tt]</td><td>tut oft, gerne</td><td>ani|gajuppoq geht oft hinaus</td></tr>
<tr><td>$^{-g,kk,r}$allarpoq [t]</td><td>tat vorübergehend</td><td>ani|gallarpoq ist kurz hinausgegangen</td></tr>
<tr><td>$^{-g,kk,r}$aluarpoq [t]</td><td>tat zwar ..., aber ...</td><td>tiki|kkaluarpoq ist zwar gekommen, aber ...</td></tr>
<tr><td>$^{-g,kk,r}$iartorpoq [t]</td><td>geht um zu</td><td>uffa|riartorpoq geht ein Bad nehmen</td></tr>
<tr><td>$^{-g}$innarpoq [t]</td><td>tat ausschließlich</td><td>tuavi|innarpoq beeilte sich nur {annar A!}
(g nach langem Vokal)</td></tr>
<tr><td>-ippoq [ts]</td><td>ist nicht ..., ist un-...</td><td>kusana|appoq A! ist unschön {al A! + Angl.}</td></tr>
<tr><td>-i-, -si-, -innippoq</td><td>etwas, jemanden</td><td></td></tr>
<tr><td colspan="3">Zielende Verben haben meist zwei Stämme. Der auf -vaa/paa steht in den Listen und bezieht sich auf eine bestimmte Satzergänzung. Der zweite schiebt Suffixe ein (manchmal keins) und erhält immer eine nichtzielende Endung. Er taucht immer auf, wenn das Ziel nicht genannt oder unbestimmt ist (auf ±mik endet) = „etwas“ oder „jemanden“ im Deutschen:
tunivaa verkaufte es, tuni|sivoq verkaufte etwas, takuaa sah ihn, takuvoq sah jemanden</td></tr>
<tr><td>$^{-j}$aarpoq [t]</td><td>tat früh</td><td>maki|aarpoq ist früh aufgestanden</td></tr>
<tr><td>-laarpoq [t]</td><td>ist/hat ein wenig</td><td>angi|laarpoq ist bisschen groß</td></tr>
<tr><td>-lluarpoq, nach r: -luarpoq [t]</td><td>tut gut, positiv</td><td>sini|lluarpoq schläft gut</td></tr>
<tr><td>+narpoq [t]</td><td>bewirkt, dass man ... ist/tut</td><td>qasu|narpoq ist ermüdend</td></tr>
<tr><td>+naveerpoq [t]</td><td>tut nie wieder</td><td>ornin|naveerpaa nähert sich ihm nie mehr</td></tr>
<tr><td>+neqarpoq [t]</td><td>wird ge-...</td><td>taku|neqarpoq wird gesehen</td></tr>
<tr><td>-nngisaannarpoq [t]</td><td>hat/ist niemals ...</td><td>oqa|nngisaannarpoq hat nie was gesagt</td></tr>
<tr><td>-nngitsoorpoq [t]</td><td>hat nicht ..., obwohl er sollte</td><td>tiki|nngitsoorpoq ist nicht wie vorgesehen gekommen</td></tr>
<tr><td>-pallaarpoq,
an V-Stämmen: +vallaar- [t]</td><td>tut/ist viel zu</td><td>qasu|vallaarpoq ist zu müde</td></tr>
<tr><td>+pallappoq [tt]</td><td>beeilte sich zu ...</td><td>ilikka|pallappoq hat schnell gelernt</td></tr>
</table>

+^{r}paluppoq [**tt**]	sieht so aus, als ob	**ane|rpaluppoq** (*QR!*) sieht so aus, als ginge er
+^{r}piarpoq [**t**]	ist genau	**ataasinngor|piarpoq** ist genau ein Uhr
+^{r}pianngilaq	ist nicht besonders	**ajor|pianngilaq** ist nicht allzu schlecht
-qatigaa <**qatiginnippoq**>	hat mit <u>ihm</u> zusammen	**su e|qatigaa** hat mit ihm zusammengearbeitet
-qqippoq [**tt**]	hat/ist wieder	**ute|qqippoq** ist wieder zurück {qqe qqin qqis}
-qquaa <**qqusivoq**>	will, dass <u>er</u>	**ane|qquaa** bittet ihn, hinauszugehen
-qqullugu	damit er	**sine|qqullugu** damit er schläft
-qqunagu	damit er nicht	**asero|qqunagu** damit er nicht kaputtgeht
-qqusaanngilaq [**qqusaanngitsoq**]	ist verboten	**ise|qqusaanngilaq** Eintritt verboten
+soraa <**sorinnippoq**>	glaubt, dass <u>er</u>	**paasi|soraa** glaubt, dass er verstanden hat
+^{s}taannarpoq [**t**]	tut gerne, oft	**angu|taannarpoq** fängt oft Seehunde
+tigi-	wie ...?, so ... wie	Immer mit **qanoq** „wie?“ und **ima** „so“.
Daran kommt **-sumik** für Umstandswörter, bzw. **-va** für Fragen „wie ... ist?“:		
qanoq sivisu|tigisumik? wie lange?		**qanoq angi|tigiva** wie groß ist ...?
+^{s}tippaa <**titsivoq**>	veranlasst <u>ihn</u> zu	**ani|sippaa** wirft ihn hinaus
+^{s}tillugu	während	**neri|sillugu** während er aß
+^{s}tinnagu	bevor	**neri|sinnagu** bevor er aß
-juippoq [**ts**]	tut niemals ...	**neqitu|juippoq** isst niemals Fleisch
Suffixe an Verben, die Hauptwörter erzeugen		
+fik, **-vik** Mz: **+fiit**, **-viit** 1	Ort/Zeit, wo etwas geschieht; Einrichtung zum ...	**tikif|fik** Ort/Zeitpunkt der Ankunft {fe QR! fi ffi fim}
Vor **-vik** wird einfacher Mitlaut verdoppelt: **nerri|vik** „Ess-Ort“ = Esstisch		
-qanngitsoq Mz **-qanngitsut** 1	ohne	**sule|qanngitsoq** (*QR!*) Arbeitsloser
-qat Mz **-qatit** 1	mit dem zusammen man ... tut	**sule|qat** (*QR!*) Arbeitskollege
+saat Mz **+saatit** 1	Mittel, um zu	**matuer|saat** „Türentfern-Mittel“ = Schlüssel

Beugung der Hauptwörter Klasse 1

Klasse 1						
Einzahl						
illu	**ini**	**panik**	**inuk**	**arnaq**	**angut**	Grundform
illup	**inip**	**paniup**	**inuup**	**arnap**	**angutip**	ABH-Fall
illumi	**inimi**	**panimmi**	**inummi**	**arnami**	**angummi**	Lokativ
illukkut	**inikkut**	**panikkut**	**inukkut**	**arnakkut**	**angutikkut**	Vialis
illutut	**initut**	**panissut**	**inuttut**	**arnatut**	**angutitut**	Äqualis
Mehrzahl						
illut	**init**	**paniit**	**inuit**	**arnat**	**angutit**	Grundf./ABH
illuni	**inini**	**paninni**	**inunni**	**arnani**	**angutini**	Lokativ
illutigut	**initigut**	**panissigut**	**inutsigut**	**arnatigut**	**angutitigut**	Vialis
illutut	**initut**	**panissut**	**inuttut**	**arnatut**	**angutitut**	Äqualis
Grundform Einzahl mit Besitzanzeigern						
illuga	**iniga**	**paniga**	**inuga**	**arnara**	**angutiga**	1. P. Ez mein
illut	**init**	**paniit**	**inuit**	**arnat**	**angutit**	2. P. Ez dein
illua	**inaa**	**pania**	**inua**	**arnaa**	**angutaa**	3. P. Ez dessen
illuni	**inini**	**panini**	**inuni**	**arnani**	**angutini**	4. P. Ez sein
illorput	**inerput**	**panipput**	**inupput**	**arnarput**	**anguterput**	1. P. Mz unser
illorsi	**inersi**	**panissi**	**inussi**	**arnarsi**	**angutersi**	1. P. Mz euer
illuat	**inaat**	**paniat**	**inuat**	**arnaat**	**angutaat**	1. P. Mz deren
illortik	**inertik**	**panitsik**	**inutsik**	**arnartik**	**angutertik**	1. P. Mz ihr
Grundform Mehrzahl mit Besitzanzeigern						
illukka	**inikka**	**panikka**	**inukka**	**arnakka**	**angutikka**	1. P. Ez meine
illutit	**initit**	**panitit**	**inutit**	**arnatit**	**angutitit**	2. P. Ez deine
illui	**inai**	**panii**	**inui**	**arnai**	**angutai**	3. P. Ez dessen
illuni	**inini**	**panini**	**inuni**	**arnani**	**angutini**	4. P. Ez seine
illuvut	**inivut**	**panivut**	**inuvut**	**arnavut**	**angutivut**	1. P. Mz unsere
illusi	**inisi**	**panisi**	**inusi**	**arnasi**	**angutisi**	1. P. Mz euere
illui	**inaat**	**panii**	**inui**	**arnaat**	**angutaat**	1. P. Mz deren
illutik	**initik**	**panitik**	**inutik**	**arnatik**	**angutitik**	1. P. Mz ihre

Klasse 2	2	3	3	3	
Einzahl					
atuagaq	nanoq	kamik	ateq	erneq	Grundform
atuakkap	nannup	kammip	aqqup	ernerup	ABH-Fall
atuakkami	nannumi	kamimmi	atermi	ernermi	Lokativ
atuakkakkut	nannukkut	kamikkut	atikkut	ernikkut	Vialis
atuakkatut	nannutut	kamittut	atertut	ernertut	Äqualis
Mehrzahl					
atuakkat	nannut	kammit	aqqit	ernerit	Grundf./ABH
atuakkani	nannuni	kaminni	aterni	ernerni	Lokativ
atuakkatigut	nannutigut	kamitsigut	atertigut	ernertigut	Vialis
atuakkatut	nannutut	kamittut	atertut	ernertut	Äqualis
Grundform Einzahl mit Besitzanzeigern					
atuagara	nanora	kamiga	atera	ernera	1. P. Ez mein
atuakkat	nannut	kammit	aqqit	ernerit	2. P. Ez dein
atuagaa	nanua	kamia	aqqa	ernera	3. P. Ez dessen
atuakkani	nannuni	kamini	atini	ernini	4. P. Ez sein
atuagarput	nanorput	kamipput	aterput	ernerput	1. P. Mz unser
atuagarsi	nanorsi	kamissi	atersi	ernersi	2. P. Mz euer
atuagaat	nanuat	kamiat	aqqat	ernerat	3. P. Mz deren
atuagartik	nanortik	kamitsik	atertik	ernertik	4. P. Mz ihr
Grundform Mehrzahl mit Besitzanzeigern					
atuakkakka	nannukka	kamikka	atikka	ernikka	1. P. Ez meine
atuakkatit	nannutit	kamitit	atitit	ernitit	2. P. Ez deine
atuagai	nanui	kamii	aqqi	erneri	3. P. Ez dessen
atuakkani	nannuni	kamini	atini	ernini	4. P. Ez seine
atuakkavut	nannuvut	kamivut	ativut	ernivut	1. P. Mz unsere
atuakkasi	nannusi	kamisi	atisi	ernisi	2. P. Mz eure
atuagaat	nanui	kamii	aqqi	erneri	3. P. Mz deren
atuakkatik	nannutik	kamitik	atitik	ernitik	4. P. Mz ihre

Beugung der Hauptwörter

Beugung der Hauptwörter mit Besitzanzeiger und kombiniert mit Lokativendung +ni

Klasse 1					
Grundform Einzahl mit Besitzanzeigern					
illunni	**ininni**	**inunni**	**arnanni**	**angutinni**	1. P. Ez in meinem
illunni	**ininni**	**inunni**	**arnanni**	**angutinni**	2. P. Ez in deinem
illuani	**inaani**	**inuani**	**arnaani**	**angutaani**	3. P. Ez in dessen
illumini	**inimini**	**inummini**	**arnamini**	**angummini**	4. P. Ez in seinem
illutsinni	**initsinni**	**inutsinni**	**arnatsinni**	**angutsinni**	1. P. Mz in unserem
illussinni	**inissinni**	**inussinni**	**arnassinni**	**angussinni**	2. P. Mz in eurem
illuanni	**inaanni**	**inuanni**	**arnaanni**	**angutaanni**	3. P. Mz in deren
illuminni	**iniminni**	**inumminni**	**arnaminni**	**angumminni**	4. P. Mz in ihrem
Grundform Mehrzahl mit Besitzanzeigern					
illunni	**ininni**	**inunni**	**arnanni**	**angutinni**	1. P. Ez in meinen
illunni	**ininni**	**inunni**	**arnanni**	**angutinni**	2. P. Ez in deinen
illuini	**inaani**	**inuini**	**arnaani**	**angutaani**	3. P. Ez in dessen
illumini	**inimini**	**inummini**	**arnamini**	**angummini**	4. P. Ez in seinen
illutsinni	**initsinni**	**inutsinni**	**arnatsinni**	**angutsinni**	1. P. Mz in unseren
illussinni	**inissinni**	**inussinni**	**arnassinni**	**angussinni**	2. P. Mz in euren
illuini	**inaanni**	**inuini**	**arnaanni**	**angutaanni**	3. P. Mz in deren
illuminni	**iniminni**	**inuminni**	**arnaminni**	**angutiminni**	4. P. Mz in ihren

Klasse 2	3	3	3	
Grundform Einzahl mit Besitzanzeigern				
atuakkanni	**kaminni**	**atinni**	**erninni**	1. P. Ez in meinem
atuakkanni	**kaminni**	**atinni**	**erninni**	2. P. Ez in deinem
atuagaani	**kamiani**	**aqqani**	**ernerani**	3. P. Ez in dessen
atuakkamini	**kamimmini**	**atermini**	**ernermini**	4. P. Ez in seinem
atuakkatsinni	**kamitsinni**	**atitsinni**	**ernitsinni**	1. P. Mz in unserem
atuakkassinni	**kamissinni**	**atissinni**	**ernissinni**	2. P. Mz in eurem
atuagaanni	**kamianni**	**aqqanni**	**erneranni**	3. P. Mz in deren
atuakkaminni	**kamimminni**	**aterminni**	**ernerminni**	4. P. Mz in ihrem
Grundform Mehrzahl mit Besitzanzeigern				
atuakkanni	**kaminni**	**atinni**	**erninni**	1. P. Ez in meinen
atuakkanni	**kaminni**	**atinni**	**erninni**	2. P. Ez in deinen
atuagaani	**kamiini**	**aqqini**	**ernerini**	3. P. Ez in dessen
atuakkamini	**kamimmini**	**atermini**	**ernermini**	4. P. Ez in seinen
atuakkatsinni	**kamitsinni**	**atitsinni**	**ernitsinni**	1. P. Mz in unseren
atuakkassinni	**kamissinni**	**atissinni**	**ernissinni**	2. P. Mz in euren
atuagaanni	**kamiini**	**aqqini**	**ernerini**	3. P. Mz in deren
atuakkaminni	**kamimminni**	**aterminni**	**ernerminni**	4. P. Mz in ihren

Anmerkung: Ich gebe für die Ortsfälle und den Instrumental stellvertretend nur die Endung des Lokativs **±mi/ni** an. In allen Fällen können Sie die nicht angegebenen Fälle bilden, indem sie **(m)mi** (=Lokativ)) durch **(m)mit** (=Ablativ), **(m)mut** (=Allativ) und **(m)mik** (=Instrumental) ersetzen; entsprechend statt **(n)ni** dann **(n)nit**, **(n)nut** und **(n)nik**. Aus dem Lokativ Ez **ininni** wird dadurch z. B. **ininnit** (ABL Ez), **ininnut** (ALL Ez) und **ininnik** (INSTR Ez).

Literaturhinweise

Es gibt viel Literatur über die grönländische Sprache, allerdings kaum ein zum Selbstlernen geeignetes Lehrbuch. Das meiste – inklusive der Wörterbücher – ist auf Dänisch.

Berthelsen, Chr. et al.: Oqaatsit. Kalaallisuumiit Qallunaatuumut. Grønlandsk Dansk Ordbog. - Ilinniusiorfik Undervisningsmiddelforlag Nuuk 2004.
Gutes grönländisch-dänisches Wörterbuch.

Bjørnum, St.: Grønlandsk Grammatik. Forlaget Atuagkat ISBN 87-90133-14-5.
Das beste Werk über die Grammatik derzeit, in dänisch, aber kein Lehrbuch.

Fortescue, M.: West Greenlandic. Croom Helm Descriptive Grammars. London 1984.
Reines wissenschaftliches Nachschlagewerk, nur für Sprachkenner.

Hertling, B., Heilmann, P. R.: Qaagit. - Pilersuiffik 1986.
Lehrbuch mit neuer Orthographie. Zwar gut, aber ohne grammatische Erläuterungen.

Janussen, E.: Håndbog i grønlandsk grammatik. - Ilinniusiorfik Nuuk 2001.
Gute erste Übersicht über die Grammatik, kein Lehrbuch.

Jones, K. G., Petersen, R.: Ordbogen. Dansk - Grønlandsk. - Ilinniusiorfik Undervisningsmiddelforlag Nuuk 2003.
Sehr gutes dänisch-grönländisches Wörterbuch.

Kleinschmidt, S: Grammatik der grönländischen Sprache. - Berlin 1851.
Einziges mir bekanntes Werk in Deutsch, sehr ausführlich, aber etwas altertümlich.

Olsen, L. L., Hertling, B.: Grønlandsk tilhængsliste. - Pilersuiffik 1988. *Ausführliche Darstellung der Suffixe, in dänisch.*

Pedersen, K. Th.: Grønlandsk for begyndere I, II. - Nyt Nordisk Forlag, Arnold Busck, Kopenhagen 1977.
Gutes Lehrbuch mit Übungen, aber in alter Orthographie und in dänisch.

Es gibt noch einige weitere nur mehr antiquarisch, z. B. die Grammatik und das Wörterbuch von **Schultz-Lorentzen** (beide in englisch) oder das kurze Lehrbuch in alter Orthographie kalâtdlisut iliniutit von **Nielsen, F**.

Ich bin außerdem gerne bereit, Interessierten weiterzuhelfen. Sie können über den Verlag Kontakt mit mir aufnehmen.

Wörterliste Deutsch – Grönländisch

Wörter aus den Wörterlisten des Haupt- und Grammatikteils sind hier nicht mehr aufgenommen; bitte im Zweifelsfall dort nachsehen.
Die Anwendungsbereiche deutscher und grönländischer Wörter decken sich oft nur wenig, daher die Erläuterungen in Klammern. Gibt es nur eine grönlandisiert-dänische Entsprechung, ist sie mit „dän." markiert. Bei modernen Dingen (z. B. Radio) sind auch dänische Wörter akzeptabel, ich habe aber auch tatsächlich angewandte grönländische Wörter angegeben.

In der deutsch-grönländischen Liste gebe ich zu jedem Hauptwort die Mz-Endung und die Klasse an. Gibt es keine Mz, gebe ich den ABH Ez auf **-p** *an.*
Ist als Mz-Endung **-i** *angegeben, steht in der Ez* **-a**. *Dieses* **-a/-i** *sind die besitzanzeigenden Endungen, da einige Ausdrücke nach dem Muster „dem X sein Y" gebildet sind. Bei einigen mehrteiligen Ausdrücken werden beide Teile in die Mz gesetzt, bei anderen nur einer davon, je nachdem, für welche die Mz-Endung mit angegeben ist.*
Die deutschen Verben stehen hier in der Form der 3. Pers. Ez Gegenwart, da es keine unserer Grundform entsprechende grönländische Form gibt. Sie sind jedoch so angeordnet, wie man sie in einem Wörterbuch suchen würde, also „isst" nicht unter i, sondern unter e wie essen.
Den nichtzielenden Verben folgen die Kennbuchstaben der **-toq**-*Form,* z. B. **anivoq s**: **-toq**-*Form lautet* **anisoq**; *gelegentlich die gelängte* **toq**-*Form,* z. B. **angisooq**.

Bei den verkürzten Verben auf **-gaa/raa** *ist die ausgelassene Silbe* **iv** *grau eingefügt. Sie können sie immer mitverwenden, wenn es auch in der Umgangssprache selten gemacht wird. Sie hilft Ihnen aber, alle Formen richtig zu bilden. Im Übrigen verweise ich auf die Grammatik, in der alle hierfür notwendigen Erläuterungen stehen.*
ABH + bedeutet, dass das zugehörige Hauptwort im Abhängigkeitsfall steht.
Mz bedeutet, dass es das Wort nur in der Mz-Form gibt.
Umst. sind Umstandswörter (Adverben).
Manche Ausdrücke sind **lu**-*Formen auf* **-gu/git**.
Beachten Sie:
die Form auf **-gu** *bezieht sich auf eine Ez, die auf* **-git** *auf eine Mz;* z. B. **ataaseq qaangerlugu** *„an eins vorbei", aber* **marluk qaangerlugit** *„an zwei vorbei".*
Gelegentlich steht nach einem Doppelpunkt ein Beispiel für den Gebrauch eines Suffixes, siehe auch die Suffixliste (ab Seite 157).

A

Abend unnu•k it 1
Abendessen unnukkorsiutit *Mz* 1
aber kisianni; +li
ab, reist aallarpoq t
Adresse naju•gaq kkat 2
Alkohol imigassa•q t 1
allein (isoliert), ist kisimiippoq tt
alles, er ganz/ihn ganz tamarmi; *ABH* + tamaat
als (zeitl.) -ru/-pa-*Form*
als (Vergl.) ±mit/nit *ABL*
alt (nicht jung), Alte/r utoqqa•q at 3
alt (nicht neu) piso•qaq qqat 2
Alter (Lebens-) ukioqarne•q rit 3
Andenken tammajuits•oq ut 1
an, fängt pilerpoq; -lerpoq s
Angestellte/r atorfili•k it 1
Angst ersine•q rit 3
an, hält ihn unitsippaa
an, kommt tikippoq tt
Ankunft tikinne•q rit 3
Anorak annoraa•q ssat 2
Antwort aki• t 1
antwortet akivoq s
Apotheke nakorsaataarniarfi•k it 1
arbeitet sulivoq s
Arbeiter/in sulis•oq ut 1
arm, Bedürftiger piits•oq ut 1
Arm ta•leq llit 3
Arzt nakorsa•q t 1
auch aamma; +lu
auf *ABH* + qaani
auf, bewahrt es toqqorpaa
Aufenthalt unikkallarne•q rit 3
auf, hört soraarpoq t
auf, steht makippoq tt
auf, wacht iterpoq t
aus ±mit *ABL*
Ausfuhr avammut tunisine•q rit 3
Ausgang anisarfi•k it 1
ausgezeichnet pitsa•k at 1
Ausland nunat allat *Mz* 1
Ausländer nunami allamiu• t 1
ausländisch nunanit allanit *unv.*
Ausreise aallarne•q rit 3
Aussprache taaguine•q rit 3
aus, steigt niuvoq s, ikaarpoq t
Ausstellung saqqummersitsine•q rit 3
Ausweis uppernarsaat• it 1
aus, zieht Kleidung atisaajarpoq t
Auto biili• t 1

B

badet uffarpoq t
Badezimmer uffarfi•k it 1
bald erniinnaq
Bank (Geld) aningaaserivi•k it 1
Bargeld aningaasat *Mz* 1
Batterie batterii• t 1
baut -liorpoq t
Bauer naasorissaas•oq ut 1
Baum orpi•k it 1
bedauert ajuusaarpoq t
beeilt sich tuaviorpoq t
beendet es inaarpaa
begleitet ihn ein Stück qanivaa
begrüßt ihn ilassivaa
behandelt ihn (Krankh.) nakorsarpaa
Behörde pisortat *Mz* 1
bei (Jens) ±mi, -kkunni: Jensikkunni
Beispiel takussutissa•q t 1
Beispiel, zum soorlu
beißt ihn kiivaa
beleidigt ihn ajuallatsippaa
benachrichtigt ihn tusarlerpaa
benötigt es atorfissaqartippaa
Benzin benziina• p 1
bereits taavaana
Berg qaqqa•q t 1
Beruf sulia•q t 1
berühmt tusaamasa•q t 1
beschwert s. maalaarpoq
besichtigt es qimerloorpaa
Besitzer piginnittoq t
besser, ist ajunnginneruvoq s
bestellt es inniminnerpaa
Bestellung inniminniine•q rit 3
bestraft ihn pillarpaa
Besuch (i. d. Nähe) pulaarne•q rit 3
Besuch (von weiter her) tikeraarne•q rit 3
besucht ihn (i. d. Nähe) pulaarpaa
besucht ihn (weiter weg) tikeraarpaa
betrügt ihn peqquserluttuliorfigivaa
betrunken, ist aalakoorpoq t
Bett siniffi•k it 1
Bettzeug oqorutit *Mz* 1

bevor: er geht +ˢtinnagu: anisinnagu
Beweis uppernarsaat• it 1
bezahlt es akilerpaa
Bier immia•q t 1
Bild assi• t 1
sein B. assinga
billig, ist akikippoq ts
Binde (Damen-) nalequ•taq ttat 2
bis (örtl.) *ABH* + tungaani
bis (zeitl.) tikillugu
bisschen immannguaq
Bitte qinnut• it 1
bittet ihn qinnuigivaa
Blatt (Papier) pappiaram•ineq ernit 3
blaue Farbe, hat tungujorpoq t
bleibt uninngavoq s
Bleistift aqerluusa•q t 1
Blume naas•oq ut 1
Botschaft (dipl.) ambassade *dän.*
Brand ikuallanne•q rit 3
Brauch ileqq•oq ut 1
braucht (Bedarf) amigaatigivaa
braun, ist kajorpoq t
breit, ist silippoq tt
brennt (Haus) ikuallappoq tt
Brief allakkat *Mz* 1
Briefmarke frimærki• t 1 *dän.*
Briefumschlag allakkat-puuat *Ez* = *Mz* 1
Brille isarussat *Mz* 1
bringt es aappaa
Brot iffia•q t 1
Brücke ikaartarfi•k it 1
Brust (weibl.) iviang•eq it 1
Brust(korb) sakissat *Mz* 2
Buch atua•gaq kkat 2
bucht es inniminnerpaa
Buchstabe naqinne•q rit 3
bunt (vielfarbig) tamalaanik qalipaati•lik llit 3
Bürger (Staats-) ±mi *LOK* innuttaas•oq ut 1
Büro allaffi•k it 1
Bus bussi• t 1

C/D

Chauffeur chaufføri• t 1 *dän.*
Chef pisorta•q t 1
Dach qalia•q t 1
damit (mit Hilfe) uuminnga
damit: er kommt -qqullugu: tikeqqullugu
damit er nicht: kommt -qqunagu: tikeqqunagu
Dänemark Danmarki• p 1
dänisch qallunaat•ooq uut 1
Dänisch (Sprache) qallunaatut *ÄQU*
danach (dann) taava
danke qujanaq
dankt dafür qutsavigivaa
da oben pikani, tappikani; paffa
darum taamaattumik
dass -toq-*Form s. Gramm.*
Datum ull•oq ut 1
dauert lange sivi•suvoq sooq
dauert nicht lange sivikippoq ts
da unten kanani, takanani; samma
Decke (Federbett) qipi•k it 1
denkt (meint) isumaqarpoq t
Denkmal von ±mut *ALL* eqqaassutissa•q t
deutsch tyskis•ooq uut 1
Deutsch (Sprache) tyskisut *ÄQU*
Deutsche/r tysk•eq it 1
Deutschland Tysklandi
Dialekt von ..., spricht +miorpaluppoq tt
dick, ist (nicht Bauch) issu•voq sooq
Diebstahl tillinne•q rit 3
Ding: meine Dinge pi- *immer mit Besitzsuffix:* pikka
Diskothek diskoteki• t 1
Dokument allagarta•q t 1 uppernarsaat
Dolmetscher oqalutsi• t 1
Dorf illoqarfi•k it 1
dort ikani
dorthin ikuuna
dringend, ist ilungersorpoq t
dumm, ist sianiippoq ts
dunkel, ist taarpoq t
dünn, ist saappoq tt
durch (hindurch) -kkut *VIA*
Durchfall, hat timmippoq tt
darf +sinnaavoq s
Durst, hat imerusuppoq tt

E

echt, ist piviuvoq s; -vik
Ehefrau nulia•q t 1
seine E. nulia
Ehemann ui• t 1
dein E. uiit
Ehepaar aappariit Mz 1
eigen nammine•q rit 3
Eigentum pigisa•q t 1
einander (tun) imminut; -qatigiipput *Mz*
Einbruch tillinniarne•q rit 3
einfach (leicht), ist ajornanngi•laq tsoq
Einfuhr eqqussinne•q rit 3

Eingang isertarfi•k it 1
einige von *ABH Mz* + ilaat *Mz*
ein, lädt ihn qaaqquaa
Einladung (eigene) qaaqqusine•q rit 3
Eingeladenwerden qaaqquneqarne•q rit 3
einmal, tut etw. nur ataaseriarpoq
ein, steigt ikivoq s, ikaarpoq t
ein, tritt iserpoq t
Eintrittskarte bilitsi• t 1
einverstanden, ist damit akuerivaa
Einwohner najuga•lik liit 3; -miu• t 1
Eis siku• t 1
Eis (Speise) sikuli•aq ssat 2
Eisbär na•noq nnut 2
Eisberg (größerer) iluli•aq ssat 2
Eiter marne•q rup 3
Eltern angajoqqaat Mz 3
empfängt es pivaa
empfiehlt es ±mik *INSTR* kajumissaarpaa
Ende isu• t 1
eng, ist ussippoq ss
Englisch tuluttut *ÄQU*
entscheidet es aalajangerpaa
entschuldigt sich utoqqatserpoq
Erde (Welt) nunarsu•aq up 3
Ereignis pis•oq ut 1
Erfolg iluatsitsilluarne•q rit 3
erholt sich qasuerserpoq t
erinnert sich an eqqaavaa
erkältet, ist nualluppoq tt
erklärt es nalunaarpaa poq
erlaubt es akuerivaa
Erlaubnis akuersissut• it 1
Ermäßigung akikilliliine•q rit 3
erreicht, kommt an in ±mut *ALL* pivoq s
Ersatzteil kingoraartissa•q t 1
erster siull•eq it 1
erzählt es oqaluttuarivaa
(essen) isst nerivoq s
Etage quleriit *Mz* 1
etwas *Suffix*

F

Fabrik sulifissu•aq it 3
Faden ujalussia•q t 1
Fähre ikaartaat• it 1
fährt (ist in Bewegung) ingerlavoq s
Fahrkarte bilitsi• t 1 *auch* billetsi
Fahrplan (Flugzeug) timmisartut angalanissaat *Mz*
Fahrplan (Schiff) ilaasortaatit ingerlaart arnissaat *Mz*
Fahrpreis ilaanermut akia i 1
Fahrrad sikkili• t 1
Fahrzeug (Land-) qamutit *Mz* 1
Fahrzeug (Wasser-) angallat• it 1
Familie (meine) ilaqutakka *Mz*
Familie Jensen -kkut: Jensenikkut
Familie, Verwandtschaft allg. ilaqutariit *Mz* 1
Farbe qalipaat• it 1
Farbfilm filmili•aq ssat 2 qalipaati•lik llit 3
faul (träge), ist eqiattarpoq
faul, ist (Fleisch) mikiarpoq t
faul, ist (Obst) ajortunngorsimavoq s
Fehler, macht kukkuvoq s
Feier nalliuttorsiorne•q rit 3
feiert es nalliussivaa
Feld (Acker) nunaat• it 1
Fenster igala•aq ssat 2
Fernsehgerät fjernsyni• t *dän.*
fertig, ist inerpoq t, naammassivoq s
fest (unveränderlich), ist allanngoranngippoq ts
fest (unbeweglich), ist aalajaappoq ts
feucht, ist masappoq tt
Feuer inneq rit 3
Fieber, hat kissarneqarpoq t
Film filmi• t 1 *dän.*
findet es n. Suche nanivaa
findet es zufällig nassaarivaa
Finger inu•ak ssat 2
Fjord kangerlu•k it 1
Flasche puiaasa•q t 1
Fleisch neqi• t 1 *sein F.* neqaa
fleißig suliumat•ooq uut 1
fliegt (Flugzeug) timmisartorpoq t
fliegt (Vogel) timmivoq s
flirten, sie unarujoorput *Mz*
Flughafen timmisartoqarfi•k it 1
Flugticket timmisartornermut billetsi• t 1
Flugzeug timmisart•oq ut 1
Fluss kuu•k it 1
Folklore (europ. beeinflusst) kalattuut *Mz* 1

Formular immersugassa•q t 1
Fotoapparat, Kamera allg. assiliissut• it 1
Fotografie assili•aq ssat 2
fotografiert ihn assilivaa
Frage apeqqut• it 1
fragen aperivoq
Frau arna•q t 1
Fräulein frøken *dän.*
frei, lässt ihn iperagaatippaa
fremd alla• t 1
Fremder takornarta•q t 1
freut s. darüber nuannarivaa
Freund/in ikinngut• it 1
freundlich, ist kiinneraarpoq t
Freundschaft ikinngutigiinne•q rit 3
Frieden, hält/gibt eqqissivoq s
friert qiiavoq s
frisch zubereitet qalarlaa•q t 1
fröhlich, ist nuannaarpoq t
Frucht paarna•q t 1
früh, ist piaarpoq t; -aarpoq t
Frühling upernaa•q t 1
Frühstück ullaakkorsiutit *Mz* 1
frühstückt ullaakkorsiorpoq
fühlt es misigivaa
fühlt sich krank peqqiilliorpoq t
Führung takuniaasitsine•q rit 3
für ±mut *ALL*
fürchtet s. vor ihm ersigivaa
Fuß isi•gak kkat 2

G

Gabel ajassaatit *Mz* 1
ganz ich, mich tamarma
ganz du, dich tamarpit
ganz er/sie/es, ihn/sie/es tamarmi
ganze ..., der *ABH Ez* + tamaat
Garten naatsiivi•k it 1
Gas gassi• t 1
Gasse stræde *dän.*
Gast (von weiter her) qaaqqusa•q t 1
gastfreundlich, ist inoorsaarpoq t
Gastgeber qaaqqusisut *Mz* 1
Gaststätte, Kneipe imeriartarfi•k it 2
Gebäck (süß) kaagili•aq ssat 2
Gebäude illu• t 1
gibt ihm tunivaa
Gebirge qaqqat *Mz* 1
Gebühr akitsuut• it 1
Geburtstag inuui•k it 1
Geburtstag, hat inuuissiorpoq
gefährlich, ist navianarpoq t
gefällt ihm gut, es akaarivaa
gefällt ihm nicht, es ajorivaa
Gefängnis parnaarussivi•k it 1
Gefäß qummuatta•q t 1
Gefühl (Eindruck) misigisa•q t 1
gegen (in Richtung) *ABH* + tungaanut
Gegend, in der maani eqqatsinni
gegenüber akiani

geht pisuppoq tt
gelb, ist sungaarpoq t
Geld aningaasa•q t 1
Gemüse naatita•q t 1
gemütlich, ist najoruminarpoq t
genau, ist eqqorluarpoq t
genug, ist naammappoq tt
Gepäck nassatat *Mz* 1
geradeaus narlusuumik *Umst.*
gern! qaami!
gern, tut -staannarpoq t
Geschäft (Tätigkeit) suli•aq ssat 2
Geschäft (Laden) pisiniarfi•k it 1
Geschenk tunissut• it 1
Geschichte (Historie) oqaluttuarisaane•q rit 3
Geschichte (Erzählung) oqaluttuaq t 1
geschlossen, ist matuvoq s
Gesellschaft (Soziales) inuiaqatigiit *Mz* 1
Gesetz inatsi•t sit 1
gestern ippassaq
gesund, ist peqqippoq ss
Gesundheit peqqissuse•q rup 3
Getränk imigassa•q t 1
Gewicht oqimaassu•seq tsit 2
gewöhnt (geübt), ist daran sungiusimavaa
Gewürz krydderi *dän.*
Gift toqunart•oq ut 1
Glas (Brille) isarussat igalaartaat *Mz* 1
Glas (Trink-) imertarfi•k it 1
Glas (Material) igalaamine•q rit 3
glaubt, meint isumaqarpoq

Glück (Erfolg), hat iluanaarpoq t
glücklich, fühlt sich pilluarpoq t
Gold kuulti• p 1
Gott Guuti• p 1
Gramm grammi• t 1
Grammatik oqaasilerine•q rit 3
Gras i•vik ffit 2
gratis, ist akeqanngi•laq tsoq
gratuliert ihm pilluaqquaa
grau, ist qaserpoq t
Grenze killi•k ngit 2
Grippe, hat nualluppoq tt
groß, ist angi•voq ɛooq; -ˈɛuaq
Grönland Kalaallit Nunaat
Grönländer/in kalaa•leq llit 2
Grönländisch kalaallisut *ÄQU*
Größe (Kleidung u.ä.) normu• t 1
Gruppe gruppi• t 1
grüßt kumoorpoq t, kutaarpoq t
gültig, ist atorpoq t
gut, ist ajunngi•laq tsoq

H

hat -qarpoq t
Hafen umiarsuarlivi•k it 1
Hälfte, halb affa•q t 1
hält es fest tigummivaa
Hand assa•k at 1
Handschuh aqqat• it 1
Haltestelle unittarfi•k it 1
hart, ist manngerpoq t
Haus illu• t 1
Hausfrau ningi•oq ut 1
hebt es kivippaa
(Heft)Pflaster, Klebstreifen (mattutissiaq) nipittart•oq ut 1
heiß, ist uunarpoq t
heim, kehrt angerlarpoq t
hilft ihm ikiorpaa
hell, ist qaamavoq s
Herbst ukia•q t 1
Herr (Anrede) herre *dän.*
herzlich, ist inussiarnerpoq s
heute ullumi
hier maani
Hilfe ikiuine•q rit 3
hinten *ABH* + tunuani
hinter, nach hinten tunummut
hoch, ist portu•voq ɛooq
Hochzeit, hält katippoq tt
hofft es neriugivaa
höflich, ist pissuserippoq ss
Holz, hölzern qisu•k it 1
hört es tusarpaa
Hose qarliit *Mz* 1
Hotel hotelli• t 1
Hund qimm•eq it 1
Hundeschlitten mit Hunden qimuss•eq it 1
hungrig, ist kaappoq tt
Hygiene eqqiluisaarne•q rup 3

I/J

ihr alle, euch alle tamassi
immer, tut immer tamatigut, -tt,t,j,-uarpoq
impft ihn kapivaa
in (zeitlich) *ABH* + qaanngiuppata
in (örtlich) ±mi *LOK*
Industrie industrii• t 1 *dän.*
Information paasissutissa•q t 1
informiert sich über ±mik *INSTR* paasisinneqarpoq t
Insel qeqerta•q t 1
interessant, ist soqutiginarpoq t
interessiert sich (für) soqutigivaa
international nunat akornanni
ja aap, suu *s. Konv-teil!*
Jahr ukio•q ut 1
jährlich ukiumoortumik *Umst.*
jeder *ABH Mz* + tamaasa
jedes Mal tamatigorluinnaq
jemand (Subj.) -toq-*Form* + qarpoq
jemanden (Obj.) *Suffix*
jene/r innga, *Mz:* ikku
jetzt massakkut
Journalist aviisiliort•oq ut 1
Jugendherberge akunnittarfi•k it 1
jung, ist inuusuppoq tt
Junge nukappia•raq qqat 1

K

Kai talittarfi•k it 1
kalt (Wetter) issippoq tt
kalt (Gegenstand) nillerpoq t
kaputt, ist aserorpoq t
Kasse karsi• t 1
kauft es pisiarivaa; +sivoq
kennt es ilisimavaa
Kind mee•raq qqat 2
Kino, geht ins filmeriarpoq t
Kleidung atisat *Mz*
klein, ist mikivoq s; -nnguaq

klug, ist silatuvoq s
kocht igavoq s
Koffer kufferti• t 1
kommt tikippoq tt
kompliziert, ist piuminaappoq ts
Kondom kondomi• t 1
kann +sinnaavoq s
konserviert es asiunaveersarpaa
Konsulat konsuuleqarfi•k it 1
kontrolliert es nakkutigivaa
Konzert tusarnaartitsine•q rit 3
Kopf nia•qoq qqut 2
kostet es (probiert) usserpaa
kostet (Preis) akeqarpoq t
kostenlos, ist akeqanngi•laq tsoq
krank, ist napparsimavoq s
Krankenhaus napparsimmavi•k it 1
Krankheit nappaat• it 1
kühl (Wetter), ist pueqqorpoq t
Kühlschrank nillataartitsivi•k it 1
Kunst eqqumiitsuliorne•q rit 3
kunstgewerbl. Ware eqqumiitsulia•q t 1
kurz, ist naappoq ts
küsst ihn kunippaa

L

lächelt qungujuppoq tt
lacht (darüber) illarpoq (illaatigivaa)
Lage (geogr.) sumiissuse•q rit 3
Laken tung•eq it 1
Lampe qull•eq iit 3
Land nuna• t 1
Landkarte nunap assinga i
Landschaft nunap isikkua i
Landwirtschaft naasorissaane•q rup 3
lang, ist (Strecke, Zeit) taki•voq sooq
langsam, ist arriippoq ts
langweilig, ist naammaannarpoq t
läuft (Mensch) arpappoq tt
laut, ist nipi•tuvoq tooq
lebt (ist beseelt) inuuvoq s
lebendig, ist uumavoq s
Lebensmittel inuussutissat *Mz* 1
ledig, ist (Frau) ueqanngi•laq tsoq
ledig, ist (Mann) nuliaqanngi•laq tsoq
leer, ist imaqanngi•laq tsoq
legt es ilivaa
Lehrer/in ilinniartitsis•oq ut 1
leicht, ist (Gewicht) oqippoq ts
leider ajoraluartumik
leiht es sich atorpaa
lernt (es) ilinniarpoq t, ilikkarpaa
liest atuarpoq t
Lederstickerei avittat *Mz* 1
Leute inuit *Mz* 1
letzter kingull•eq iit 3
letztes Jahr siorna
Licht (allg.) qaamane•q rit 3
Lichtquelle qaammaqqut• it 1
liebt ihn asavaa
Lied erinarsuut• it 1
liegt (Mensch) nalavoq s
liegt (Tier) aqupivoq s
nach links saamimmut
Loch putu• t 1
Löffel alussaat• it 1
Lohn, Gehalt akissarsia•q t 1
ist los (z. B. Hund) peerpoq s
lügt salluvoq s
ist lustig piikulavoq s

M

macht iliorpoq t
Mädchen niviarsia•raq qqat 1
Magen, Bauch naat *Mz* 1 *mein M.* naakka
malt es qalipappaa
man = *3. Pers. Ez*
manchmal ilaannikkut
Mann angut• it 1
Medikament nakorsaat• it 1
Meer ima•q t 1
mehr aamma
Menge, Quantität amerlassuse•q rit 3
Mensch inu•k it 1
merkt es sich eqqaamavaa
Messer savi•k it 1
mietet ein ... ±mik akilerlugu attartorpoq t
Minute minutsi• t 1
mit ±mik *INSTR*
Mittag, isst zu ulloqeqqarsiorpoq t
Mittag ulloqeqqa *o. Mz, ABH:* ulloqeqqata

Mode mut•eq it 1
möglich, ist ajornanngi•laq tsoq
Monat qaammat• it 1
morgen aqagu
Morgen ullaa•q t 1
Moschusochse umimma•k ap 1
Motor motoori• t 1
Motorboot pujortulee•raq qqat 2
Motorrad motorcykeli• t 1
müde, ist qasuvoq s
Müll igitat Mz 1
Mütze na•saq tsat 2
Musik nipilersorne•q rit 3
muss -^{s}tariaqarpoq t
Mutter anaana• t 1

N

nach (Richtung) *ABH* + tungaani
nach (Zeit) *ABH* + kingornagut
Nachmittag ual•eq it 1
Nachname kinguliaqut• it 1
Nachricht tusagassia•q t 1
nächster qaninneq, tull•eq it 3
nächstes Jahr aappaagu
nächstes Mal tullianik
Nacht unnua•q t 1
nackt, ist (Boden z. B.) naasoqanngi•laq tsoq
nackt, ist (Körper) tamaqanngi•laq tsoq
Nadel meqqut• it 1
nah an ihm, ist qanippaa
Name a•teq qqit 3
nass, ist masappoq tt
Nationalität inuiaassuse•q rit 3
Nationaltracht (grönl.) kalaallisuut *Mz* 1
Natur pinngortita•q p 1
natürlich, ist (n. künstl.) pissusissamisoorpoq t
neben *ABH* + saniani
nimmt es tiguaa
nein naamik *s. Konv-teil!*
neu nutaa•q t 1; -^{s}taaq
neugierig, ist apeqqarippoq ss
nicht -nngila- *s. Gramm*
nichts *meist* -qanngilaq *„hat kein"*
niedrig pukkippoq ts
niemals -nngisaannarpoq, -juippoq
niemand (Subj.) toq-*Form* + -qanngilaq
niemanden (Obj.) *Suffix für „jemand" an zielendes Verb* + -nngila-
nirgendwo, ist ±miinngivippoq ss
noch einmal suli ataasiarluni
noch suli
Norden avanna•q p 1
normal pisarnermisut *Umst.*
notwendig, ist pisariaqarpoq t
Nummer normoru• t 1
nur -innaq, -^{g}innarpoq
nur ich/mich kisima
nur du/dich kisivit
nur wir/uns kisitta

O

oben auf *ABH* + qaani
oben über *ABH* + qulaani
Obst paarna•q t 1
oder imalluunnit; -luunnit
öffnet es ammarpaa
oft akulikitsumik; -^{g,kk,r}ajuppoq
ohne, ist -qanngi•laq tsoq
Öl uulia• t 1
Organ timip atortua i
organisiert es aaqqissuuppaa
Ort sumiiffi•k it 1
Osten kangi• p 1
Österreich Austria• p 1
Österreicher/in Austriamiu• t 1

P

paar, einige *ABH Mz* + ilaat
Paar (Ehe-) aappariit *Mz* 1
Paar (Dinge) illugiit *Mz* 1
Päckchen, Paket poortu•gaq kkat 1
Panne mit, hat ±mik ajutoorpoq t
Papier pappiara• t 1 (pappiala)
parkt es inissippaa
Pass passi• t 1
passt (Kleidung) naammaappoq tt
Patient napparsimasoq ut
Pause, macht unikaallaappoq tt
Perlenstickerei (trad.) sapangaaqqiat *Mz* 2
Person inu•k it 1
Pflanze naas•oq ut 1
Plan pilersaarut• it 1
Platz inissa•q t 1
Platzkarte

inissamut bilitsi• t 1
Plauderei oqaloqatigeerujoorne•q rit 3
plötzlich tassanngaannaq
Politik politikki• t 1
Polizei politiit *Mz* 1
Postamt allakkerivi•k it 1
Postkarte postkorti• t 1
Preis aki• t 1
privat privati• t 1
Problem ajornartorsiut• it 1
Programm programmi• t 1
Prospekt naqi•taq ttat 2 paasissutissia•q t 1
pünktlich, ist piffissamik eqqorluaavoq s

Q/R

Qualität pitsaassuse•q rit 3
Radiogerät tusartaat• it 1, radio• t 1
Rat siunnersuut• it 1
raucht pujortarpoq t
Raum ini• t 1
(be)rechnet, es naatsorsorpaa
Rechnung regningi• t 1 *dän.*
Recht eqqort•oq up 1
rechts, nach talerpimmut
redet oqaluppoq tt
Regenschirm sialussiut siaartart•oq ut 1
registriert ihn (schriftl.) nalunaarsorpai *Mz*
reich, ist pi•suujuvoq sooq
reif, ist (nur Obst) inerippoq tt
Reise (nur Rund-, nicht Ab-) angalane•q rit 3
Reisebüro angallatsitsivi•k it 1
reist (nur rund-, nicht ab-) angalavoq s
repariert es iluarsaappaa
reserviert es inniminnerpaa
Restaurant neriniartarfi•k it 1
Rettungsboot/-floß annanniut• it 1
Rettungswagen annaanneqarnermut biili• t 1
richtig (korrekt), ist eqqorpoq t, iluarpoq t
Richtung sammivi•k it 1
roh, ist ooqanngi•laq tsoq
rot, ist aappaluppoq tt
Rückfahrt uterne•q rit 3
Rucksack nammatta•gaq kkat 2
rückständig, ist qanganisarpaluppoq tt
ruft suaarpoq t

S

Sache/Besitz, mein/e pigisaq *immer mit Besitz-suffix:* pisigara
sagt oqarpoq t
Salbe tarnut• it 1
Salz taratsut *Mz* 2
sammelt sie katersorpai *Mz*
Sand sioqqat *Mz* 2
satt, ist qaar•silavoq sillartoq
Satz (Gramm.) oqaaseqatigiit *Mz* 1
sauber, ist ipiippoq ts
sauber, macht es ipiiarpaa
sauer, ist seernarpoq t
Schaden, kommt zu ajoquserpoq t
scharf, ist (Messer) ipippoq tt
Scheck checki• t 1 *dän.*
Schere qiuutit *Mz* 1
schickt es nassiuppaa
schießt, knallt seqqorpoq t
Schiff umiarsu•aq it 3
schläft sinippoq tt
Schlafsack siniffik-•pooq puggut 1
Schlafzimmer sinittarfi•k it 1
schlägt ihn unatarpaa
schlecht, ist ajorpoq t
Schlüssel matuersaat• it 1
schmackhaft, ist mamarpoq t
Schmerz anniaat• it 1
schmerzt annernarpoq t
Schmuck pinnersaat• it 1
schmutzig, ist iper•tuvoq tooq
Schnaps silaqanngits•oq ut 1
schnell, bewegt sich (Ding) sukka•voq sooq
schnell, bewegt sich (leb. Wesen) oqila•voq sooq
schön, ist kusanarpoq t
schreibt allappoq tt
Schuh skuu• t 1 *dän.*
schuldig, ist pisuuvoq s
Schule atuarfi•k it 1
Schüler/in atuart•oq ut 1
schwanger, ist naartuvoq s
schwarz, ist qernerpoq t
Schweiz Schweizi• p 1
Schweizer/in Schweizimiu• t 1
schwer, ist (Gewicht) oqimaappoq ts

schwierig, ist artornarpoq t
schwimmt (Ding) puttavoq s
schwitzt kiaguppoq tt
See ta•seq tsit 2
sieht es takuaa
Sehenswürdigkeit takusassaqqiss•oq ut 1
sehr assut; -qaaq
Seife qaqorsaat• it 1
Seil tingerlaat• it 1
(sein) ist -uvoq s
seit *ABH* + kingornagut
Seite (Richtung) sane•raq qqat 2
Sekunde sekunti• t 2
selbst nammineq
selbständig, tut etwas nammineerpoq t
selten, ist qaqutigoorpoq t
setzt sich ingippoq tt
sicher/gewiss, ist qularnaappoq ts
sicher/ungefährlich, ist navianartoqanngi•laq tsoq
Silber sølvi• p 1 *dän.*
singt erinarsorpoq t
sitzt issiavoq s
so ima *„ist so“:* imaappoq tt
so ... wie taama ... -tigisumik
sofort massakkorluinnaq
solche/r/s taamaattoq
soll -ssaaq *s. Gramm.*
Sommer aasa•q t 1
sparen sipaarpoq t
spät kingusippoq ss
später kingorna
spazieren, geht pisuloorpoq t
Speise nerisassat *Mz* 1
Speisekarte nerisassat allattorsimaffiat
spielt pinnguarpoq t
Spielzeug pinngu•aq it 3
Sport timersorne•q rit 3
Sprache oqaatsit Mz.
spricht (Sprache) oqaluttarpoq t
sprechen miteinander oqaloqatigiipput *Mz*
Spritze kapuut• it 1
Stadt illoqarfi•k it 1
stark, ist (Mensch) sanngi•voq sooq
stiehlt es tillippaa
steht aufrecht napavoq s
stehengeblieben, ist unippoq ss, uninngavoq s
Stein uja•rak qqat 1
Stelle in der Natur nuna• t 1
stellt es ilivaa
stellt her -liorpoq liaq
stirbt toqulerpoq t
Stiefel (Schnee-) ka•mik mmit 3
still, ist (Laut) nipaappoq ts
Stille, ist (Wetter, Meer) qatsungavoq s
Stimme nipi *seine S.* nipaa
Stoff (Kleider-) annoraa•mineq mernit 3
stört ihn akornuserpaa
Strafe pillaat• it 1
Strand sissa•q t 1
Straße aqqusine•q rit 3
Streichholz ikitsi•t sit 1
streitet mit ihm oqqappaa
Stück immikkoort•oq ut 1; -mineq
Student ilinniarnert•ooq uut 1
Stuhl issiavi•k it 1
Stunde tiimi• t 1; akunne•q rit 3
sucht es ujarpaa
Süden kujataa
Summe katinnera i 3
Suppe qaj•oq ut 1
süß, ist (Geschmack) tungusunnippoq ts

T

Tabak tupa• t 1
Tablette iisarta•gaq kkat 2
Tag ull•oq ut 1
Tag, jeden ullut tamaasa
Tal qoo•roq qqut 2
Tankstelle orsersorfi•k it 1
tanzt qitippoq tt
Tasche pooqatta•q t 1
Taxi taxa• t 1
Telefon telefoni• t 1
telefoniert sianerpoq t
Teller puugu•taq ttat 2
teuer, ist aki•suvoq sooq
Theater isiginnaartitsisarfi•k it 1
tief, ist iti•voq sooq
Tier uumas•oq ut 1
Tod toqu• p 1
Toilette anartarfi•k it 1, perusuersartarfik
Toilettenpapier equutissa•q t 1
tot, ist toquvoq s
tötet ihn toquppaa
Tradition ilitsoqqussa•q t 1
trägt es tigumiarpaa
traurig darüber, ist aliasuutigivaa
traurig gestimmt, ist aliasuppoq tt

trifft ihn, begegnet naapippaa
Treppe majuartarfiit *Mz* 1
trinkt imerpoq t; -torpoq
Trinkgeld, gibt ihm kajumissaaserpaa
trocken, ist panerpoq t
trocknet es auf Stock qaaqquarpaa
tschau takuss'
tüchtig, ist pikkorippoq ss
tut iliorpoq t
Tür matu• t 1

U

übt es sungiusarpaa
über (zeitl.) qaangerlugu/git *Ez/Mz*
über (örtl.) *ABH* + qulaani; -kkut *VIA*
überall sumiluunniit
überfällt ihn saassuppaa
übermorgen aqaguagu
übernachten unnuivoq s
überquert es, furtet ikaarpaa
übersetzt es (Sprache) nutserpaa
Übersetzer nutseris•oq ut 1
Überweisung aningaasat allagartaat• it 1
übrig, ist sinneruppoq *übrig:* sinneq
Uhr nalunaaqu•taq ttat 2
um ... herum ... kaajallallugu
um zu ... +nermut *(= +neq + ALL)*
Umgebung eqqa•q t 1
um, tauscht es taarserpaa
Umweg qipiteriaq rissat 2
unbekannt nalusa•q t 1
und aamma; +lu
Unfall ajunaarne•q rit 3
ungefähr *ABH* + missaani
Universität universiteti• t 1
unrichtig, ist ajorpoq t
unschuldig, ist pinngitsuuvoq s
unter (weniger als) *ABH* + inorlugu/git *Ez/Mz*
unter (räuml.) *ABH* + ataani
Unterhaltung oqaloqatigiinne•q rit 3
Unterkunft akunnittarfi•k it 1
unterrichtet ihn (lehrt) ilinniartippaa
unterschreibt es atsiorpaa
Urlaub sulinngiffeqarne•q rit 3

V

Valuta, Devisen nunat allat aningaasaat *Mz*
Vater ataata• t 1
verabreden sich zu +niarlutik isumaqatigiipput *Mz*
Verabredung isumaqatigiissut• it 1
verabschiedet sich von ihm inuulluaqquaa
verboten, ist inerteqqutaavoq s
Verbrechen, begeht ein pinerluppoq tt
verdient Lohn akissarsivoq
vergisst es puiorpaa
vergnügt sich quiasuppoq tt
verirrt sich tammartajaarpoq t
verkauft es tunivaa; -erniarpoq
verleiht atortitsivoq s
verletzt, ist ikiligaa•voq
Verletzung iki• t 1
verliebt in ihn, ist ajuutigivaa
verliert es katappaa
vermietet es attartortippaa
vermisst es ujariagivaa
vermittelt zwischen ihnen isumaqatigiissinniarpai *Mz*
verpasst ihn *(Flug* z. B.*)* inortorpaa
Versicherung sillimmasiine•q rit 3
verspätet sich kinguartoorpoq t
verspricht es neriorsorpaa
versteht es paasivaa
versucht es misilippaa
viel/e amerlasuut *Mz* 1
vielleicht immaqa
Vogel timmia•q ssat 2
Volk inuiaat *Mz* 1
voll, ist ulikkaarpoq t
von ±mit/miit/minngaanniit *LOK*
vor (örtl.) *ABH* + saani
vor (zeitl., Reihenfolge) *ABH* + siornani; siornatigut
vor, bereitet es

piareersarpaa
vorgestern ippassaani
vorher siornagut
Vormittag
ulloqeqqata-tungaa
Vorname siuliaqut• it 1
vorne *ABH* + saavani
vor, schlägt es
siunnersuutigivaa
vor, stellt es sich
takorloorpaa
vor, stellt sich
ilisaritippoq tt
Vorwahl (deutsche)
(Tysklandip) normua

W

Wagen biili• t 1
wahr, ist eqqorpoq t
während: er aß
-stillugu: nerisillugu
Wald orpippassuit *Mz* 3
Wand ii•gaq kkat 2
wandert pisuttuarpoq t
wann
qaqugu *ZUK* qanga *VERG*
Ware (vor Verkauf)
nioqqutissat *Mz* 1
warm, ist (Gegenstand)
kissarpoq t
warm, ist (Kleidung)
oqorpoq t
warm, ist (Wetter)
kiappoq tt
wartet auf ihn
utaqqivaa
warum sooq
was suna
wäscht es asappaa
wäscht sich asappoq
wäscht die Wäsche
errorpaa
Wasser imeq,
erngit (ermit) 3
Watte qiviuusat *Mz* 1
wechselt es aus
taarsertippaa
weckt ihn itersarpaa
Weg aqqus•ineq ernit 3
wegen pillugu
weiblich arna•q, t 1
weil -ra/ma-*Form*
weint qiavoq s
weiß, ist qaqorpoq t
weiß es nalunngilaa
weiß es nicht naluaa
weit entfernt, ist
ungasippoq ss
welcher sorl•eq iit 3
wenig immannguaq,
immannguaannaq
wenn, falls -ru/pa-*Form*
wer kina; kiap + *zielendes Verb*
wird -nngorpoq t
wessen kiap
Westen kitaa
Wetter (augenblicklich)
sila• p 1
Wetter (kommendes)
silassa•q p 1
wichtig, ist
pingaarpoq t
wie qanoq
wieder, tut ... -qqippoq
wiederholt es uterpaa
wie viel qassit *Mz*
Wildnis, ist (Gegend)
angallavikkuminaappoq ts
Wind anori• t 1
Winter uki•oq ut 1
wo sumi
Woche sapaatip akunnera i
woher sumit
wohin sumut
wohnt najugaqarpoq t
Wohnung
naju•gaq kkat 2
(wollen) will
+niarpoq niaq
Wort oqaa•seq tsit 1
Wörterbuch ordbogi• t 1
Wunde ammarterne•q rit 3
wünscht ihm gut .../ Glück pilluaqquaa;
-lluaqquaa
wünscht es sich
kissaatigivaa

Z

Zahnarzt kigutileris•oq ut 1
Zahnpasta tandpasta• t 1
zählt, rechnet kisitsivoq s
zeigt es ihm tikkuuppaa
zeigt mit dem Finger darauf tikkuarpaa
Zeit piffissa•q p 1
Zeitung aviisi• t 1
Zelt tupeq toqqit 2
Zeltplatz tupeqarfi•k it 1
Zentrum qiteq, qeqqit 3
sein Z. qeqqa
Zigarette sikaritsi• t 1
Zimmer ini• t 1
Zoll (Geld) akitsuut• it 1
Zoll (Ort)
akitsuuserivi•k it 1
zu Fuß pisulluni
zu + Eigensch.
-vallaarpoq, +pallaarpoq
zufrieden, ist
usorsisimaarpoq t
zurück utimut
zusammen (alle)
tamarmik; *ABH Mz* + tamaasa
zu viel sualuttumik *Umst.*;
-pvallaaqaaq
zwischen *ABH* + akornanni

Wörterliste Grönländisch – Deutsch

In dieser Liste gebe ich die Verben, die im weitesten Sinne einen Übergang in einen anderen Zustand bedeuten, in der Vergangenheitsform an, um daran zu erinnern, dass speziell bei diesen immer eher die Vergangenheit verstanden wird. Zustands- bzw. Eigenschaftsverben sind in der Gegenwart belassen. Bei zielenden Verben gebe ich immer den 2. Stamm an, der deutschem „etwas, jemanden" entspricht (siehe Erläuterung in der Suffixliste bei **-i-**, **-si-***). Er muss nach dem Punkt anstelle des rechts davon stehenden Teils angefügt werden. Beispiel:* **aappaa** *„brachte es" ist zielende Form, aber* **aatsivoq** *„brachte etwas" ist eine auf nichts genaues, eben auf „etwas", zielende Form. Einen anderen Ausdruck für „etwas, jemanden" gibt es nicht.*

A

aa·ppaa tsivoq brachte es
aalajaappoq ts ist unbeweglich
aalajang·erpaa iivoq hat es entschieden
aalakoorpoq ist betrunken
aalisagaq Fisch
aallarneq Ausreise
aallarpoq ist abgereist
aamma auch, und, mehr
aap ja; *bei verneinter Frage:* nein
aappaagu nächstes Jahr
aappariit ***Mz*** Paar (Ehe-)
aapaartoq Halbgares
aappaluppoq ist rot
aaqqat Handschuh
aaqqissuu·ppaa ssivoq organisierte es
aasaq Sommer
aatsaat jetzt erst
aa·vaa llerpoq holt es
aavarpoq ist auf Rentierjagd
affaq Hälfte; **tiimi affaq** 1/2 Stunde
aggerpoq ist herangekommen
ajassaatit ***Mz*** Gabel
ajoquserpoq ist zu Schaden gekommen
ajo·raa rinnippoq es gefällt ihm nicht
ajoraluartumik leider
ajornanngilaq ist einfach, möglich
ajornartorsiut Problem
ajorpoq ist schlecht, falsch
ajortunngorsimavoq ist faul (Obst)
ajuallatsi·ppaa tsivoq hat ihn beleidigt
ajunaarneq Unfall
ajunngilaq ist gut
ajunnginneruvoq ist besser
ajutoorpoq hat Panne mit
ajuusaarpoq bedauert, beklagt
ajuuti·gaa ginnippoq ist in ihn verliebt
akaa·raa rinnippoq es gefällt ihm gut
akeqanngilaq ist gratis
akeqarpoq kostet (Preis)
aki Preis, Antwort
aki·lerpaa liivoq bezahlt es
akiani gegenüber
akikilliliineq Ermäßigung
akikippoq ist billig
akissarsiaq Lohn, Gehalt
akissarsivoq verdient (Lohn)
akisuvoq ist teuer
akitsuuserivik Zoll
akitsuut Zoll, Gebühr
akivoq antwortete
akornanni zwischen
akornu·serpaa siivoq hat ihn gestört
aku·eraa ersivoq hat es erlaubt, zugestimmt
akuersissut Erlaubnis
akulikitsumik oft
akunneq Zwischenraum; Stunde
akunnittarfik Unterkunft, Hotel, JH
aliasuppoq ist traurig gestimmt
aliasuuti·gaa ginnippoq ist darüber traurig
alla fremd
allaffik Büro
allagartaq uppernarsaat Dokument
allakkat ***Mz*** Brief
allakkat-puuat ***(Ez = Mz)*** Briefumschlag
allakkerivik Postamt
allanngoranngippoq ist unveränderlich

allappoq hat geschrieben
alussaat Löffel
amerlassuseq Menge, Quantität
amerlasuut *Mz* viel
amigaati·gaa ginnippoq braucht/benötigt es
amma·rpaa avoq hat es geöffnet
ammarterneq Wunde
amorlaaq frischer Fisch
anaana Mutter
anartarfik Toilette
angajoqqaat *Mz* Eltern
angalaneq Rundreise
angalavoq ist auf Rundreise
angallat Wasserfahrzeug
angallatsitsivik Reisebüro
angallavikkuminaappoq ist Wildnis
angerlarpoq ist heimgekehrt
angivoq ist groß
angut Mann
anguvoq hat Seehunde gefangen
aningaasaq Geld
aningaasat allagartaat Überweisung
aningaasat *Mz* Bargeld
aningaaserivik Bank
anisarfik Ausgang
anivoq ist hinausgegangen
annanniut Rettungsboot/-floß
anne·raa rinnippoq hat Schmerzen in
annernarpoq schmerzt
anniaat Schmerz
annoraamineq Kleiderstoff
annoraaq Anorak
anori Wind
apeqqarippoq ist neugierig
apeqqut Frage
aperivoq fragte
aqagu morgen
aqaguagu übermorgen
aqerluusaq Bleistift
aqqusineq Straße, Weg
aqqut Weg, Pfad
aqupivoq *Tier* liegt
arlaat *Mz* einer davon
arnaq Frau, weiblich
arpappoq *Mensch* lief
arriippoq ist langsam
artornarpoq ist schwierig
asa·ppaa avoq hat es gewaschen
asa·vaa nippoq liebt ihn
asappoq wusch sich
aserorpoq ist kaputt
asiunaveersa·rpaa avoq hat es konserviert
assak Hand
assi(liaq) Bild, Fotografie
assili·vaa ivoq fotografierte es
assut sehr
assiliissut Kamera allg.
ataani unter (räuml.)
ataaseriarpoq hat einmal getan
ataata Vater
ateq Name
atisaajarpoq hat sich ausgezogen
atisat *Mz* Kleidung
ator·paa poq lieh sich, verwendete es
atorfilik Angestellte/r
atorfissaqarti·ppaa tsivoq benötigt es
atorpoq ist gültig
atortitsivoq hat verliehen
atsi·orpaa uivoq hat es unterschrieben
attartor·tippaa tsivoq vermietet es
attartorpoq mietet
atuagaq Buch
atuarfik Schule
atuarpoq las
atuartoq Schüler/in
avammut tunisineq Ausfuhr
avannaq Norden
avataa Gebiet seewärts vor d. Küste
aviisi Zeitung
aviisiliortoq Journalist
avittaq Lederstickerei

B/E

biili Auto, Wagen
bilitsi Eintrittskarte, Fahrkarte
eqiattarpoq ist träge
eqqaama·vaa nippoq hat es sich gemerkt
eqqaassutissaq Denkmal
eqqaavaa erinnert sich an
eqqaq Umgebung
eqqiluisaarneq Hygiene
eqqissivoq hält Frieden
eqqorluarpoq ist genau
eqqorpoq ist korrekt, wahr
eqqortoq Recht, Jura
eqqumiitsuliaq kunstgewerbl. Ware
eqqumiitsuliorneq Kunst
eqqussinneq Einfuhr
equutissaq Toilettenpapier
erinarsorpoq hat gesungen

erinarsuut Lied
erniinnaq bald
error·paa sivoq hat Geschirr/Wäsche gewaschen
errortassat (errortat) Schmutzwäsche (saubere W.)
ersersa·rpaa avoq entwickelte ihn (Film)
ersi·gaa voq fürchtet sich vor ihm
ersineq Angst

F/I

filmeriarpoq ins Kino gehen
iffiaq Brot
igalaamineq Glas *als Material*
igalaaq Fenster
igavoq hat gekocht
igitat *Mz* Müll
iigaq Wand
iisartagaq Tablette
ikaar·paa poq überquerte es
ikaarpoq setzte über; geht an Bord/Land
ikaartaat Fähre
ikaartarfik Brücke
ikani dort
ikerasaq Sund
iki Verletzung
iki·orpaa uivoq hat ihm geholfen
ikiligaavoq ist verletzt
ikiligaq (*Mz* ikilikkat 2) ein Verletzter
ikinngut Freund/in
ikinngutigiinneq Freundschaft
ikitsit Streichholz
ikiuineq Hilfe
ikivoq ist eingestiegen
ikuallappoq Brand ist ausgebrochen
ikuuna dorthin
ilaanermut akia Fahrpreis
ilaannikkut manchmal
ilaasortaatit ingerlaartarnissaat *Mz* Schiffsfahrplan
ilaat paar, einige
ilaavoq ist Passagier
ilaqutakka *Mz* meine Familie
ilaqutariit *Mz* die Verwandtschaft
ilassi·vaa nippoq hat ihn begrüßt
ileqqoq Brauch
ilikkar·paa poq hat es gelernt
ilinniarnertooq Student
ilinniarpoq hat gelernt
ilinniarti·ppaa tsivoq lehrte ihn
ilinniartitsisoq Lehrer/in
iliorpoq macht, tut
ilisaritippoq hat sich bekannt gemacht
ilisima·vaa nnippoq kennt es
ilissi ihr *Mz*
ilitsoqqussaq Tradition
ili·vaa sivoq hat es gelegt/gestellt
illaatigaa lachte darüber
illarpoq lachte
illit du
illoqarfik Ansiedlung, Stadt
illu Haus, Gebäude
illugiit *Mz* ein Paar *Dinge*
iluanaarpoq hat Glück, Erfolg
iluarpoq ist richtig
iluarsaa·ppaa ssivoq hat es repariert *auch:* **iluarsarpaa**
iluatsitsilluarneq Erfolg
iluliaq größerer Eisberg
ilungersorpoq ist dringend
ima, imaappoq so; ist so
imalluunnit oder
imaq Meer, Inhalt
imaqanngilaq ist leer
imeq Wasser
imeriartarfik Gaststätte
imerniartarfik Kneipe
imerpoq trank
imertarfik Trinkglas
imerusuppoq hat Durst
imigassaq Getränk, Alkohol
immannguaq, immannguaannaq wenig, bisschen
immaqa *drückt Ungewissheit aus*
immersugassaq Formular
immiaq Bier
immikkoortoq Stück, Kapitel
inaar·paa sivoq hat es beendet
inatsit Gesetz
inerippoq ist reif *Obst*
inerpoq ist fertig
inerteqqutaavoq ist verboten
ingerlaarfissaat Fahrzeiten, Fahrplan
ingerlavoq ist in Bewegung
ingippoq hat sich gesetzt
ini Raum, Zimmer
inissaq Platz, Zimmer zum Mieten
inissippaa hat es geparkt
inneq Feuer

inniminn·erpaa iivoq
hat es bestellt, gebucht
inniminniineq Bestellung, Reservierung
innuttaasoq Staatsbürger
inoorsaarpoq
ist gastfreundlich
inorlugu, inorlugit
weniger als; **gu**: *Ez*, **git**: *Mz*
inor·torpaa tuivoq
kam zu spät dafür
inuak Finger
inuiaassuseq Nationalität
inuiaat ***Mz*** Volk
inuiaqatigiit ***Mz***
Gesellschaft *sozial*
inuit ***Mz*** Menschen, Leute
inuk Mensch
inussiarnerpoq
ist herzlich
inuuik Geburtstag
inuuissiorpoq
hat Geburtstag
inuulluaqqu·aa sivoq
verabschiedete ihn
inuussutissat ***Mz***
Lebensmittel
inuusuppoq ist jung
inuuvoq lebt, ist beseelt
ipeq Schmutz
iperagaati·ppaa tsivoq
hat ihn freigelassen
ipertuvoq ist schmutzig
ipiia·rpaa avoq
hat es saubergemacht
ipiippoq ist sauber
ipippoq ist scharf (Messer)
ippassaani vorgestern
ippassaq gestern
ippeqivoq wird von Mücken belästigt
ippernaq Mücke, Fliege
isarussat ***Mz*** Brille
iserpoq (isersimavoq)
ist eingetreten (zuhause)
isertarfik Eingang
isigak Fuß
isiginnaarpoq betrachtete
isiginnaartitsisarfik
Theater
issiavik Stuhl
issiavoq sitzt
issippoq
es ist kaltes Wetter
issuvoq ist dick
isu Ende
isumaqarpoq glaubt, meint, denkt
isumaqatigiipput
sie verabredeten sich
isumaqatigiissut
Verabredung
iterpoq ist aufgewacht
itersa·rpaa avoq
hat ihn geweckt
itivoq ist tief
iviangeq weibliche Brust
ivik (auch ivigaq) Gras

K

kaagiliaq Kuchen, Gebäck
kaajallallugu/-git
um ... herum **gu** *Ez*, **git** *Mz*
kaappoq ist hungrig
kajorpoq ist braun
kajumissaarpaa
empfahl es
kajumissaatit ***Mz***
Trinkgeld
kalaaleq Grönländer
kalaallisut Grönländisch
kalaallisuut ***Mz***
grönl. Nationaltracht
Kalaallit Nunaat
Grönland
kalattuut
grönländische Tänze
kamaappoq
ist zornig, prügelt sich
kamik Schneestiefel
kangerluk Fjord
kangi Osten
kanna der/das da unten
Mz: **kakku**
kapi·vaa sivoq
hat ihn geimpft
kapuut Spritze
karsi Kasse
katappaa hat es verloren
kater·sorpai ***Mz*** **suivoq**
hat sie gesammelt
katinnera Summe
katippoq heiratete
kiaguppoq ihm ist heiß, er schwitzt
kiap wessen, wer + *ziel. Verb*
kiappoq ist warmes Wetter
kigutilerisoq Zahnarzt
kiinneraarpoq
ist freundlich
kii·vaa sivoq
hat ihn gebissen
killik Grenze
kina wer
kingoraartissaq Ersatzteil
kingornagut
nach (zeitl.), seit
kinguartoorpoq
ist verspätet
kinguliaqut Nachname
kingulleq letzter
kingusippoq spät
kisermaaq allein, isoliert
kisianni aber
kisimiippoq ist allein
kisitsivoq zählte, rechnete
kissaatigaa
wünscht es sich
kissarneqarpoq

hat Fieber
kissarpoq ist warm *Gegenstand*
kitaa Westen
kivi·ppaa tsivoq hat es gehoben
kujataa Süden
kukkuvoq hat Fehler gemacht
kuni·ppaa ssivoq hat ihn geküsst
kusanarpoq ist schön
kuuk Fluss, Bach, fließ. Wasser

M

maalaarpoq hat sich beschwert
maani hier
maani eqqatsinni in der Gegend hier
majuartarfiit *Mz* Treppe
makippoq ist aufgestanden
mama·raa rinnippoq mag es gerne essen
mamarpoq es schmeckt
manngerpoq ist hart
marneq Eiter
masappoq ist feucht, nass
massakkorluinnaq sofort
massakkut jetzt
mattuvoq ist zäh
matu Tür
matuersaat Schlüssel
matuvoq ist ver-/geschlossen
meeraq Kind
meqqut Nadel
mikiarpoq ist verdorben *Fleisch*
mikivoq ist klein
minutsi Minute
mippoq landete *Flugzeug*
misi·gaa ginnippoq fühlt es
misigisaq Gefühl, Eindruck
misili·ppaa ivoq hat es versucht
missaani ungefähr
muteq Mode

N

naamik nein; *bei bejahter Frage:* ja
naammaannarpoq ist langweilig
naammaappoq Kleidung passt
naammappoq ist genug
naammassivoq ist fertig
naapi·ppaa tsivoq begegnete ihm
naappoq ist kurz
naartuvoq ist schwanger
naasoq Pflanze, Blume
naasoqanngilaq ist ohne Bewuchs
naasorissaaneq Landwirtschaft
naasorissaasoq Bauer
naat *Mz* (*auch* nassat) Magen, Bauch
naatitaq Gemüse
naatsiivik Garten
naatsors·orpaa uivoq hat es ausgerechnet
najoqqutassat *Mz* Anleitung, Leitfaden
najorsivoq trank einen Schluck
najoruminarpoq ist gemütlich
najugalik Einwohner
najugaq Wohnung, Adresse
najugaqarpoq wohnt
nakkarpoq ist hinuntergefallen
nakkuti·gaa lliivoq hat es unter Kontrolle
nakorsa·rpaa avoq hat ihn behandelt
nakorsaat Medikament
nakorsaataarniarfik Apotheke
nakorsaq Arzt
nakorsiarpoq ist zum Arzt gegangen
nalavoq *Mensch* liegt
nalequtaq Damenbinde
nalliu·ssivaa ttorsiorpoq feiert es
nalliuttorsiorneq Feier
naluaa weiß es nicht
nalunaaqutaq Uhr
nalunaar·paa poq hat es erklärt
nalunaarsorpai *Mz* hat es aufgeschrieben
nalunaarut Mitteilung
nalunngilaa weiß es
nalusaq Unbekanntes/er
nammattagaq Rucksack
nammineerpoq hat etwas allein getan
namminneq selbst
nani·vaa sivoq fand es *nach Suche*
nanoq Eisbär
nasaq Mütze, Hut
napavoq steht aufrecht
nappaat Krankheit
napparsimasoq Patient
napparsimavoq ist krank
napparsimmavik Krankenhaus
naqinneq Buchstabe
narlusuumik geradeaus

nassaa·raa rpoq hat es zufällig gefunden
nassatat *Mz* Gepäck
nassiu·ppaa ssivoq hat es ihm geschickt
nassuippoq ist deutlich, klar
navianarpoq ist gefährlich
navianartoqanngilaq ist ungefährlich
neqi Fleisch (nicht vom Fisch)
neriniartarfik Restaurant
nerior·sorpaa suivoq hat es versprochen
nerisassat allattorsimaffiat Speisekarte
nerisassat *Mz* Speise
neriu·gaa ppoq hofft es
nerivoq hat gegessen
niaqoq Kopf
nillataartitsivik Kühlschrank
nillerpoq ist kalt *Gegenstand*
ningioq Hausfrau
nioqqutissat *Mz* Ware vor Verkauf
nipaappoq ist ohne Geräusch
nipi Stimme
nipilersorneq Musik
nipittartoq Klebstreifen
nipituvoq ist laut
niuvoq ist ausgestiegen
niviarsiaraq Mädchen
normoru, normu Nummer, Größe (Kleidg.)
nualluppoq hat Grippe, ist erkältet
nuanna·raa rinnippoq freut sich darüber
nuannaarpoq ist fröhlich
nukappiaraq Junge
nuliaq Ehefrau
nuna Land, Gegend
nunaat Landbesitz
nunami allamiu Ausländer
nunap assinga Landkarte
nunarsuaq Erde (Welt)
nunat allat aningaasaat Valuta, Devisen
nunguppoq ist aufgebraucht, aufgegessen
nutaaq Neues
nutse·rpaa rivoq hat es übersetzt
nutserisoq Übersetzer

O

ooqanngilaq ist ungekocht
ooqattaar·paa ivoq versuchte es, kostete es
oqaaseq (oqaasii) Wort (Sprache)
oqaaseqatigiit *Mz* Satz
oqaasilerineq Grammatik
oqaatsit *Mz* Sprache
oqaloqatigiipput sprachen miteinander
oqaluppoq hat geredet
oqalutsi Dolmetscher
oqaluttarpoq spricht eine Sprache
oqaluttua·raa rinnippoq hat es erzählt
oqaluttuaq Erzählung
oqaluttuarisaaneq Historie
oqarpoq sagte
oqilavoq bewegt sich schnell
oqimaappoq ist schwer *Gewicht*
oqimaassuseq Gewicht
oqippoq ist leicht *Gewicht*
oqorpoq ist warm *Kleidung*
oqorutit *Mz* Bettzeug
oqqa·ppaa ssivoq hat mit ihm gestritten
ornippaa hat sich ihm genähert
orpik Baum
orsersorfik Tankstelle

P

paarnaq Schwarzbeere; Obst
paasi·vaa nnippoq hat es verstanden
paasisinneqarpoq ist informiert
paasissutissaq Auskunft, Information
panerpoq ist trocken (nicht Wetter)
pappiara (pappiala) Papier
parnaarussivik Gefängnis
passi Pass
peerpoq ist lose
peqqiilliorpoq fühlt sich krank
peqqippoq ist gesund
peqqissuseq Gesundheit
peqquserlu·ttuliorfigaa ppoq hat ihn betrogen
perlerorneq Winterdepression
perusuersartarfik Toilette
pi- + *Suffix* Ding, etwas; *Stützsilbe für Suffixe*
piaarpoq ist/tut früh
piareersa·rpaa avoq hat es vorbereitet
piffissamik eqqorluaavoq

ist pünktlich
piffissaq Zeit
piginnittoq Besitzer
pigisa(q) ***mst. m. Suffix*** Sache, Eigentum
piikulavoq ist lustig
piitsoq ist bedürftig
pikkorippoq ist tüchtig
pilerpoq hat angefangen
pilersaarut Plan
pilla·rpaa avoq hat ihn bestraft
pillaat Strafe
pilluaqqu·aa sivoq hat ihr gratuliert
pilluaqquaa wünscht ihm Glück
pilluarpoq fühlt sich glücklich
pillugu wegen
pinerluppoq hat Verbrechen begangen
pingaarpoq ist wichtig
pinnersaat Schmuck
pinnga der/das da oben *Mz:* **pikku**
pinngitsuuvoq ist unschuldig
pinngortitaq Natur
pinnguaq Spielzeug
pinnguarpoq spielte
pisariaqar·tippaa poq benötigt es
pisarnermisut normal
pisi·araa voq hat es gekauft
pisiniarfik Geschäft, Laden
pisooq reich
pisoq Ereignis
pisoqaq alt, nicht neu
pisortaq Chef
pisortat Behörde
pissuserippoq höflich
pissusissamisoorpoq ist natürlich, nicht künstl.
pisulluni zu Fuß
pisuloorpoq ging spazieren
pisuppoq ging
pisuttuarpoq wanderte
pisuuvoq ist schuldig, reich
pitsaassuseq Qualität
pitsak ausgezeichnet
piuminaappoq ist kompliziert
pivaa hat es empfangen
piviuvoq ist echt
pivoq nahm, erreichte, erhielt; gab
pivoq ±mut ***ALL*** ist in ... angekommen
politiit ***Mz*** Polizei
pooqattaq Tasche
poortugaq *(auch* poortaq) Päckchen, Paket
portuvoq ist hoch
pueqqorpoq ist kühles Wetter
puiaasaq Flasche
puiorpaa hat es vergessen (**-mut** wo)
pujortarpoq hat geraucht
pujortuleeraq Motorboot
pukkippoq ist niedrig
pulaar·paa poq besuchte ihn
puttavoq es schwamm *Ding*
putu Loch
puugutaq Teller
puussiaq Tüte, Tasche

Q

qaa- komm- *nur mit Endungen*
qaamaneq Licht
qaamavoq ist hell
qaami! gern!
qaammaqqut Lichtquelle
qaammat Monat
qaangerlugu/git über (zeitl.) **gu** *Ez,* **git** *Mz*
qaani auf, oben auf
qaanngiuppata in (zeitlich)
qaaqqu·aa sivoq hat ihn eingeladen
qaaqquarpaa trocknet Kleidung an Stock
qaaqquneqarneq Einladung an jemanden
qaaqqusaq Gast
qaaqqusineq eigene Einladung
qaaqqusisut ***Mz*** Gastgeber
qaarsilavoq ist satt
qaarsillartoq einer, der völlig satt ist
qajoq Suppe
qalarlaaq frisch Zubereitetes
qaliaq Dach
qalipa·ppaa avoq hat es ge/bemalt
qalipaat Farbe
qallunaatooq dänisch
qallunaatut (auf) Dänisch (Sprache)
qamutit Schlitten ohne Hunde
qanga wann *in Vergangenheit*
qanganisarpaluppoq ist rückständig
qaninneq nächster
qani·ppaa qanillivoq ist nah an ihm
qani·vaa sivoq begleitete ihn ein Stück
qanoq wie
qaqorpoq ist weiß

qaqorsaat Seife
qaqqaq Berg
qaqugu wann *in Zukunft*
qaqutigoorpoq ist selten
qarliit ***Mz*** Hose
qaserpoq ist grau
qassit ***Mz*** wieviel(e)
qasuerserpoq hat sich erholt
qasuvoq ist müde
qatsungavoq es ist Stille *Wetter, Meer*
qeqertaq Insel
qernerpoq ist schwarz
qiavoq weinte
qiiavoq friert, fror
qimerl·oorpaa uuivoq hat es besichtigt
qimmeq Hund
qimusseq Schlitten mit Hunden
qinnui·gaa ginnippoq hat ihn gebeten
qinnut Bitte
qipik Federbett
qipiteriaq Umweg
qisuk Holz, hölzern
qiteq (qeqqa) Mitte (dessen Mitte)
qitippoq hat getanzt
qiuutit ***Mz*** Schere
qiviuusat ***Mz*** Watte
qooroq Tal
qu·tsavigaa javoq dankte ihm
quiasuppoq hat sich vergnügt
qujanaq danke
qulaani oberhalb, über
qularnaappoq ist sicher, gewiss
quleriit ***Mz*** Etage
qulleq Lampe
qummuattaq Gefäß
qungujuppoq lächelte

S

saamimmut nach links
saani vor (örtl.)
saappoq ist dünn
saassu·ppaa ssivoq überfiel ihn, griff ihn an
saavani vorne
sakissat ***Mz*** Brustkorb
salluvoq hat gelogen
sammivik Richtung
saneraq Seite
saniani neben
sanngivoq ist stark *Mensch*
sapaatip akunnera Woche
sapangaaraq Glasperle
saqqummersitsineq Ausstellung
savik Messer
seernarpoq ist sauer
sekunti Sekunde
seqqorpoq hat geschossen
siaartartoq Schirm
sianerpoq telefonierte
siani·gaa ginnippoq weiß darüber Bescheid, passt darauf auf
sianiippoq ist dumm
sikaritsi Zigarette
sikkili Fahrrad
siku Eis
sikuliaq Speiseeis
sila augenblickliches Wetter; Verstand
silaqanngitsoq Schnaps
silassaq kommendes Wetter
silatuvoq ist klug
silippoq ist breit
sillimmasiineq Versicherung
siniffik Bett
siniffik-pooq Schlafsack
sinippoq ist eingeschlafen
sinittarfik Schlafzimmer
sinneq Übriges
sinneruppoq ist übrig
sioraq (sioqqat) Sandkorn (Sand)
siorna letztes Jahr
siorna(ti)gut vorher
siornani vor (zeitl., Reihenfolge)
sipaarpoq hat gespart
sissaq Strand
siuliaqut Vorname
siulleq erster
siunnersuut Rat
siunnersuuti·gaa ginnippoq hat es vorgeschlagen
sivikippoq dauerte nicht lange
sivisuvoq dauerte lange
skuu Schuh
sooq warum
soorlu zum Beispiel
soquti·gaa ginnippoq interessiert sich dafür
soqutiginarpoq ist interessant
soraarpoq hat aufgehört
sorleq (sorliit) welcher (welche *Mz*)
suaarpoq hat gerufen, geschrien
sualuttumik zuviel
sukkavoq bewegt sich schnell *Ding*
suli noch
suli ataasiarluni noch einmal
suliaq Beruf, Arbeit

sulifissuaq Fabrik
sulinngiffik Ferien
sulisoq Arbeiter/in
suliumatooq jemand Fleißiger
sulivoq hat gearbeitet
sumi wo
sumiiffik Ort
sumiissuseq geogr. Lage
sumiluunniit überall
sumit woher
sumut wohin
suna was
sunaaffa aha, sieh an!
sungaarpoq ist gelb
sungiusar·paa poq übt es
sungiusima·vaa nippoq ist daran gewöhnt (geübt)
suu ja; *bei verneinter Frage:* nein

T

taaguineq Aussprache
taama ... -tigisumik so ... wie
taamaaliorpoq tut auf diese Weise
taamaattoq solch(e,er,es)
taamaattumik darum
taar·serpaa siivoq hat es umgetauscht
taarpoq ist dunkel
taarserti·ppaa tsivoq wechselte es aus
taava danach, dann
taa·vaa sivoq bezeichnet es als
taavaana bereits
takivoq ist lang *Strecke*
takor·loorpaa luuivoq stellte es sich vor
takornarpoq sieht etw. zum ersten Mal
takornartaq Fremder
taku·aa voq hat es gesehen
takuniaasitsineq Führung
takusassaqqissoq Sehenswürdigkeit
takuss' tschau
takussutissaq Beispiel
taleq Arm
talerpimmut nach rechts
talittarfik Hafen
tamaasa jeder
tamaat ganz ihn/sie/es
tamalaanik qalipaatilik vielfarbig
tamaqanngilaq ist nackt *Körper*
tamarma ganz ich/mich
tamarmi ganz er/sie/es; alles *Ez*
tamarmik, tamaasa alle zusammen
tamarpit ganz du/dich
tamassi ihr alle, euch alle
tamatigorluinnaq jedes Mal
tamatigut immer
tammajuitsoq Andenken
tammartajaarpoq hat sich verirrt
tarajoq Salzwasser
taratsut ***Mz*** Salz
tarnut Salbe
taseq See
tasiusaq seeähnliche Meeresbucht
tassanngaannaq plötzlich
taxa Taxi
tigu·aa sivoq hat es genommen
tigumiar·paa poq trug es
tigummivaa hält es fest
tiimi Stunde
tikeraar·paa poq besuchte ihn
tikillugu bis (zeitl.)
tikinneq Ankunft
tikippoq ist angekommen
tikkua·rpaa avoq hat daraufgezeigt
tikkuu·ppaa ssivoq hat es ihm gezeigt
tillinneq Diebstahl
tillinniarneq Einbruch
tilli·ppaa ppoq hat es gestohlen
timersorneq Sport
timi Körper
timmiaq Vogel
timmippoq hat Durchfall bekommen
timmisartoq Flugzeug
timmisartoqarfik Flughafen
timmisartornermut billetsi Flugticket
timmisartorpoq flog *Flugzeug*
timmisartut angalanissaat ***Mz*** Flugplan
timmivoq flog *Vogel*
tingerlaat Seil
toqqor·paa sivoq bewahrt es auf
toqu Tod
toqu·ppaa tsivoq hat es getötet
toqulerpoq stirbt gerade
toqunartoq Gift
toquvoq ist tot
torerpoq ist ordentlich
tuaviorpoq beeilte sich
tullianik nächstes Mal

tuluttut Englisch
tungaani bis, nach (örtl.)
tungaanut gegen (in Richtg.)
tungeq Laken
tungujorpoq ist blau
tungusunnippoq ist süß *Geschmack*
tuni·vaa sivoq hat ihm gegeben/ es verkauft
tunissut Geschenk
tunuani hinten
tunummut nach hinten
tupa Tabak
tupeq Zelt
tupeqarfik Zeltplatz
tusa·rpaa avoq hat es gehört
tusaamasaq ist berühmt
tusagassiaq Nachricht
tusar·lerpaa liivoq hat sie benachrichtigt
tusarnaartitsineq Konzert
tusaartaat Radiogerät
tyskeq Deutsche/r
tyskisooq deutsch
tyskisut auf Deutsch *Sprache*
Tysklandi Deutschland

U

uagut wir
ualeq Nachmittag
uanga ich
ueqanngilaq ist ledig *Frau*
uffarfik Badezimmer
uffarpoq hat gebadet
ui Ehemann
ujaria·gaa tsivoq vermisst es
uja·rpaa asivoq hat es gesucht
ujalussiaq Faden
ujarak Stein
ukiaq Herbst
ukioq Jahr, Winter; Lebensjahr
ukiumoortumik jährlich
uku sie *Mz*
ulikkaarpoq ist voll
ullaakkorsiorpoq hat gefrühstückt
ullaakkorsiutit ***Mz*** Frühstück
ullaaq Morgen
ulloq Tag, Datum
ulloqeqqa Mittag
ulloqeqqarsiorpoq hat zu Mittag gegessen
ulloqeqqata-tungaa Vormittag
ullumi heute
ullut tamaasa jeden Tag
umiarsuaq Schiff
umiarsuarlivik Hafen
umimmak Moschusochse
una er, sie, es; diese/r/s hier
unarujoorput ***Mz*** sie flirten
unata·rpaa avoq hat ihn geschlagen
ungasippoq ist weit, fern
unikaallaappoq macht kurze Pause
unnersuu·ppaa ssivoq weist ihm den Weg
uninngavoq ist (stehen)geblieben
unippoq bewegt sich nicht mehr
unitsi·ppaa tsivoq hat ihn angehalten
unittarfik Haltestelle
unnuaq Nacht
unnuivoq hat übernachtet
unnuk Abend
unnukkorsiutit ***Mz*** Abendessen
upernaaq Frühling
uppernarsaat Ausweis, Nach-/Beweis
usorsisimaarpoq ist zufrieden
uss·erpaa iivoq hat es verkostet
ussippoq ist eng
utaqqi·vaa voq hat auf ihn gewartet
uterneq Rückfahrt
uterpaa utiivoq hat es wiederholt
utimut zurück
utoqqaq alt, alter Mensch
utoqqatserpoq entschuldigte sich
uulia Öl
uumasoq Tier
uumavoq ist lebendig
uunarpoq ist heiß

Der Autor

Dr. Richard H. Kölbl, Diplomgeologe, kam 91/92 in Reykjavík erstmals in intensiveren Kontakt mit Grönländisch. Seither hat ihn die Faszination für diese (durchaus erlernbare) Sprache nicht mehr losgelassen. Grönländisch ist ein gutes Beispiel dafür, wie sich Lebensweisen im Sprachbau widerspiegeln und ihre ganz spezielle Ausdrucksfähigkeit hervorbringen. Sich mit Grönländisch zu beschäftigen heißt, auf ganz neue Weise zu erfahren, wie Sprache eigentlich funktioniert. Der Autor, der seit über 20 Jahren den Nordatlantik zwischen den Färöern, Island und Grönland bereist, ist neben seiner Tätigkeit im Softwarebereich auch als Übersetzer und Publizist tätig und hat bereits zu drei seltenen Sprachen (Isländisch, Bairisch, Färöisch) einen Sprechführer verfasst.

Mein Dank geht an Peter für das Durchackern des Manuskripts und viele wertvolle Hinweise. Dank an Herbert und Dorothea für Ratschläge rund ums Reisen in Grönland. Von den vielen Grönländern, die mir in ihrer Sprache geduldig die Hand reichten, sei Naaja (Qassiarsuk) und Kielsen (Narsarsuaq) besonders gedankt. Dank an Jytte für die Gastfreundschaft in Narsarsuaq und alle Hilfe. Nicht zuletzt aber geht mein Dank an alle, die dieses Buch erwerben und mir Fehler und Unzulänglichkeiten nachsehen und vielleicht sogar mitteilen.